365

TIPPS
DER GUTE STIL
DAMEN

Claudia Piras und
Bernhard Roetzel

Über die Autoren:
Claudia Piras ist als Autorin und freie Journalistin im Bereich Lifestyle tätig.
Neben kulinarischen Inhalten hat sie sich auf die Themen Wohnen und Mode spezialisiert.
Bernhard Roetzel schreibt als freier Modejournalist regelmäßig für etablierte Zeitschriften wie
»Men's Health« oder das »Manager Magazin« sowie für zahlreiche Fachzeitschriften.
Er hat bereits mehrere Bücher zum Thema Mode veröffentlicht.

Die Deutsche Bibliothek - CIP-Einheitsaufnahme

Piras, Claudia:
365 Tipps: der gute Stil Damen / Claudia Piras und Bernhard Roetzel. -
Orig.-Ausg. - Köln : DuMont-Monte-Verl., 2002
  (Monte von DuMont)
  ISBN 3-8320-8715-X

Umschlagabbildungen: JOOP! GmbH, Hamburg (www.joop.com), Hugo Boss AG, Metzingen
(www.hugoboss.com), Montblanc Deutschland GmbH, Hamburg (www.montblanc.com)

Originalausgabe
© 2002 DuMont monte Verlag, Köln
Alle Rechte vorbehalten.

Text: Claudia Piras und Bernhard Roetzel
Satz: Königsblau, Nicole Gehlen
Gesamtherstellung: Mladinska, Slowenien

ISBN 3-8320-8715-X
Printed in Slovenia

Inhalt

PERFEKT IM BUSINESS

Im Business angemessen gekleidet zu sein ist wichtig – und kann sogar über Ihre Karriere entscheiden. Nehmen Sie sich also die Zeit, Ihr Image immer mal wieder kritisch zu überprüfen. Welches Bild von sich vermitteln Sie durch Ihre Garderobe? Stimmt dieses Bild mit Ihren Fähigkeiten, Ihrer Position, den Dresscodes Ihrer Firma oder Branche überein? Denken Sie daran: Der erste Eindruck zählt!

1

Ihre Businesskleidung sollte so erwachsen wie möglich wirken, auch wenn Sie noch recht jung sind. Hüten Sie sich vor allem Niedlichen, das führt dazu, dass man Sie nicht ernst nimmt. Nur Mut, Sie haben es nicht nötig, billige Sympathiepunkte zu machen.

Blazer und Jacken, die einen Mittelschlitz oder zwei Seitenschlitze haben, dürfen nicht zu eng sein, damit sie hinten nicht unschön aufklaffen. Sonst wirkt auch das wohlproportionierteste Hinterteil plötzlich unvorteilhaft.

2

3

Tragen Sie zum Hosenanzug keinen Schlips, auch wenn dieser Look immer wieder mal in den Modezeitschriften zu sehen ist. Im Businessbereich wirkt dieser Stil zu gewollt männlich.

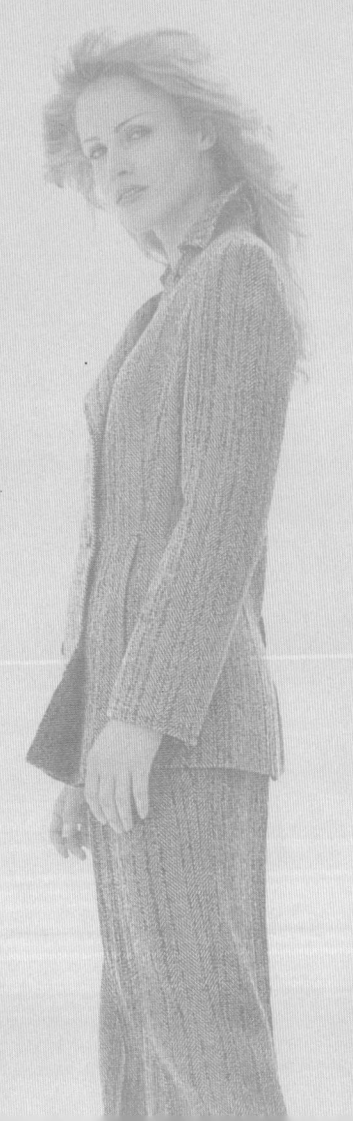

Morgens früh erst das Meeting, dann den ganzen Tag auf der Messe und abends noch ins Restaurant mit einem wichtigen Kunden? Da bleiben die neuen Schuhe erst einmal im Schrank! Bei solchen Marathons lieber auf bewährte Treter zurückgreifen, in denen Sie eine realistische Chance haben, den Tag einigermaßen zu überstehen.

Kaufen Sie sich eine gute Kleiderbürste aus Naturborsten – und benutzen Sie sie auch. Regelmäßiges Bürsten befreit die Kleidung von Schmutz und Staub sowie von unattraktiven Schuppen, Fusseln und Haaren.

6

Achten Sie beim Einkauf auf schöne Knöpfe aus Naturmaterialien wie Horn, Perlmutt oder Steinnuss. Hässliche Plastikimitate verderben jedes Outfit. Wenn Ihnen ein Kleidungsstück sonst aber gefällt und gut passt, gönnen Sie ihm einen Satz neuer, besserer Knöpfe.

7

Nur in Outfits, die wir mögen und in denen wir uns wohl fühlen, können wir selbstsicher und überzeugend auftreten. Wählen Sie für wichtige Termine niemals eine Kombination, in der Sie sich »extra fein gemacht« oder »verkleidet« fühlen.

8

Businesskleidung sollte sauber und gepflegt sein. Hängen Sie fleckige oder oft getragene Outfits nicht in den Schrank zurück, sondern geben Sie sie so schnell wie möglich in die Reinigung, damit sie für den nächsten Einsatz fit sind.

9

Bei aller Schlichtheit und Strenge, die vielleicht in Ihrem Unternehmen gefordert sind – vermeiden Sie gouvernantenhafte und tantige Outfits und Details wie übergroße Schleifen am Hals, Blusen mit Stehkragen oder klumpige Pumps. Sonst entsteht schnell eine unfreiwillig komische Parodie des seriösen Businesslooks.

Blazer, Hosenanzüge und Kostüme sollten Sie fachmännisch aufbügeln lassen. Falls Sie doch einmal selbst zum Eisen greifen müssen, benutzen Sie immer ein Plätttuch aus Leinen oder Baumwolle. So vermeiden Sie, dass der Stoff glänzende Stellen bekommt.

11

Während eines langen Gesprächs im Stehen dürfen Sie die Hände ruhig auch einmal in die Taschen stecken oder vor der Brust verschränken, um nicht die ganze Zeit in einer Position ausharren zu müssen. Wenn Sie aber jemandem die rechte Hand zur Begrüßung oder zum Abschied geben, sollte sich die Linke nicht in der Tasche befinden.

12

Guter Stil heißt Verzicht –
Verzicht auf modischen Firlefanz,
der morgen schon wieder out ist.

13

Nadelstreifen sind immer noch ein
klassisches Businessmuster und stehen
Herren ebenso gut wie Damen. Am
seriösesten und elegantesten wirken
Stoffe, bei denen die Streifen sehr
dezent gezeichnet sind und möglichst
weit auseinander liegen. Dicke Streifen
mit geringen Zwischenräumen sehen
schnell etwas plump und gewollt aus.

14

Wenn Sie einen Designer oder ein Label gefunden haben, dessen Stil und dessen Schnitte Sie mögen, bleiben Sie ihm treu. Ein Gemisch aus zu vielen Marken sieht leicht nach Fashion-Victim, Mode-Opfer, aus und macht einen unsouveränen Eindruck.

15

Auf einer Veranstaltung, bei der Sie viele Menschen treffen werden, ist es sinnvoll, einen Packen Visitenkarten griffbereit zu haben. Wenn Sie nicht jedes Mal in Ihrer Akten- oder Handtasche kramen wollen, können Sie die Kärtchen auch in der Jackentasche unterbringen. Lassen Sie überzählige Exemplare aber nicht darin »versauern«, sondern entfernen Sie sie am Ende des Tages. Angestoßene, verbogene Karten machen einen sehr schlechten Eindruck.

Ein Blazer sitzt dann richtig, also nicht zu eng und nicht zu weit, wenn Sie ihn ohne Mühe zuknöpfen können, aber dennoch merken, dass Sie ihn geschlossen haben.

16

17

Wenn Sie häufig Akten oder andere Arbeitsmaterialien zu transportieren haben, kaufen Sie sich eine Lady-Aktentasche und vermeiden Sie klobige, übertrieben maskulin wirkende Riesenkoffer. Auch die sperrigen Pilotenkoffer sehen an Damen alles andere als stilvoll aus.

Blazer und Kostümjacken haben zwar Taschen, sind aber nicht als Cargo- oder Utility-Outfits gedacht. Lassen Sie sie am besten leer, damit sie nicht unschön ausbeulen oder durch den auftragenden Inhalt Ihre Hüften verbreitern.

18

Klimpernde Ohrgehänge und rasselnder Ethno-Armschmuck geben Ihrem Auftritt zwar eine exzentrische Note, machen im Büro aber zu viel Lärm. Besonders wenn ruhig und konzentriert gearbeitet werden soll, könnten sich Ihre Kollegen davon gestört fühlen.

19

20

Ein dunkler, einreihiger Blazer ist ein absoluter Business-Klassiker, den Sie mit einer geraden, anthrazitfarbenen Bundfaltenhose genauso gut tragen können wie etwas legerer zu einer Khakihose oder sogar zu einer Jeans.

21

Sie haben beim Meeting versehentlich Ihr Glas umgestoßen? Machen Sie kein großes Drama daraus, das kann jedem passieren. Falls Ihr Outfit etwas abbekommen hat, tupfen Sie den Stoff mit einem Taschentuch ab. Sollte es jemand anderen getroffen haben, entschuldigen Sie sich und bieten Sie in schweren Fällen an, die Reinigung zu bezahlen.

22

Die Bluse unter Ihrem Businesskostüm darf nicht über dem Busen spannen oder gar aufklaffen (und so den Blick auf Haut und BH freigeben). Das sieht nicht sexy, sondern billig aus. Probieren Sie Blusen und Hemden vor dem Kauf sicherheitshalber an. Wenn Sie mit den gängigen Konfektionsgrößen partout nicht zurecht kommen, sollten Sie überlegen, ob Sie sich nicht eine Maßanfertigung gönnen möchten.

Wenn Sie einen langen Weg zur Arbeit haben, ziehen Sie im Winter ruhig eine warme Daunenjacke oder einen wattierten Parka über, auch wenn das stilistisch nicht unbedingt zu Ihrer vielleicht sehr nüchternen Businesskleidung passt. Niemand braucht in einem dünnen Stoffmäntelchen zu frieren, und schließlich tragen Sie Ihr kuscheliges Survival-Outfit ja nicht im Meeting oder vor den Kunden.

23

Egal welche Rocklänge die Mode gerade vorschreibt – viel wichtiger ist, dass die Länge zu Ihnen und Ihren Proportionen passt. Besonders die zierlicheren Damen sollten mit überknie- bis wadenlangen Röcken vorsichtig sein, denn die lassen sie leicht noch kleiner wirken.

24

25

Ein helles Oberteil betont den Oberkörper, eine helle Hose lenkt den Blick eher auf die Beine. Welche Partien Ihrer Figur möchten Sie betonen?

26

Auch wenn es Sie noch so sehr juckt, kneift oder zwickt: Jegliches Kratzen, egal an welchen Stellen, ist in Gegenwart anderer Menschen absolut tabu.

27

Die spillerigen Drahtbügel, auf denen Ihre Outfits aus der Reinigung kommen, sind Gift für die empfindlichen Schulterpartien von Kleidern und Jacken. Schnell auf einen breiten, ausgeformten Holz- oder Kunststoffbügel umhängen.

28

Machen Sie bei wichtigen Terminen keine Experimente mit Ihrem Outfit. Greifen Sie auf Kombinationen zurück, die sich bereits in vergleichbaren Situationen bewährt haben und von denen Sie wissen, dass Sie sich darin gut angezogen, wohl und selbstbewusst fühlen.

Graue Basics sind alles andere als langweilig, zumindest dann nicht, wenn sie mit kräftigen Farben aufgepeppt werden. Zu Grau passen Rot, Weinrot, alle Nuancen von Violett, Blau, Schwarz, Dunkelgrün, Rosa – und fast alles, worauf Sie sonst noch Lust haben.

29

Kaufen Sie sich einen dreigeteilten großen Spiegel mit beweglichen Flügeln, in dem Sie sich auch von den Seiten und von hinten sehen können. Dann sind Sie sicher, dass Ihr Outfit rundum perfekt ist.

30

Sie haben mindestens zehn Kostüme im Schrank, aber keines sitzt und passt richtig? Kaufen Sie kein elftes von der Stange, sondern suchen Sie sich eine Schneiderin, die Ihnen eins nach Ihren Maßen anfertigt. Bei zeitlosen Outfits lohnt sich diese Investition allemal.

31

32

Ihre Figur hat sich verändert? Wenn Sie nach der Geburt eines Kindes oder während einer Krankheit zu- oder abgenommen haben, geben Sie Kleidung, die jetzt zu eng oder zu weit geworden ist, nicht gleich weg. Haben Sie etwas Geduld mit sich und warten Sie ab, wo sich Ihr Gewicht einpendelt.

Im Businessbereich sind Hosenanzug und Kostüm gleichgestellt. Wenn Sie nicht mögen, müssen Sie also keine Kombination mit Rock anziehen.

33

34

Schätzen Sie den Dresscode in Ihrer Firma realistisch ein, beobachten Sie, was Ihre Kollegen und Kolleginnen tragen. Ihr eigenes Outfit sollte weder under- noch overdressed sein.

Wenn Sie gern weiße Blusen tragen, lassen Sie den Hals nach Möglichkeit ungeschminkt. Make-up-Streifen am Kragen sehen ziemlich unappetitlich aus.

35

36

Schals und Tücher peppen die Businessgarderobe auf. Variieren Sie Farben und Muster. Allerdings sollten Accessoires auch Accessoires bleiben und keine Hauptrolle in Ihrem Outfit spielen. Wichtig ist vor allem, dass Schals und Tücher nicht zu groß gewählt werden, sonst wirken sie zu voluminös und dominant.

Wenn Sie mit zu vielen Einkaufstüten auf einmal nach Hause kommen, können Sie die einzelnen Stücke gar nicht richtig würdigen und kennen lernen. Nichts ist trauriger, als Neuerwerbungen gleich im Schrank verschwinden zu lassen – das haben Ihre Schätze nicht verdient.

37

38

Gönnen Sie sich topmodische Schuhe zu Ihrem klassischen Kostüm oder Hosenanzug. So wirken selbst die zeitlosesten Schnitte und Stoffe immer hochaktuell.

39

Am liebsten würden Sie jeden Tag dasselbe anziehen, z. B. Ihren unschlagbaren Hosenanzug. Tun Sie es, wenn Sie sich gut damit fühlen. Machen Sie die Uniformität zu Ihrem Markenzeichen.

Auch in sehr konservativen Firmen (Banken, Versicherungen, Juristisches) sind Hosen inzwischen akzeptiert, außer natürlich enge Jeans, Bermudas oder andere freizeitliche Beinkleider.

40

41

Schwarz und Weiß bilden einen sehr harten Kontrast. Eleganter und subtiler wirken Kombinationen aus Schwarz und Ekrü oder Schwarz und Hellbeige. Oder Sie ersetzen das Schwarz durch ein dunkles Anthrazit.

42

Businesskleidung ist nicht ganz billig und will entsprechend sorgfältig ausgesucht werden. Suchen Sie sich ein Geschäft, in dem Sie ausführlich beraten werden und viel Zeit für die Anprobe haben. Lassen Sie sich nicht drängen – Sie können, aber Sie müssen nicht kaufen, auch wenn die Verkäuferin sich noch so viel Mühe mit Ihnen gegeben hat.

43

Halten Sie Ihre Businessgarderobe
so simpel wie möglich – und achten
Sie darauf, dass alle Teile untereinan-
der kombinierbar sind.

44

Perfekte Kleidung ist kein Ersatz
für Persönlichkeit, Manieren und
Charme.

45

Wenn sich die Gelegenheit bietet, kaufen Sie zum neuen Kostüm gleich noch eine passende Hose, oder zum neuen Anzug gleich noch einen passenden Rock. So haben Sie mehr Variationsmöglichkeiten.

Aufgekrempelte Jackenärmel waren ein beliebtes Stilmittel der achtziger Jahre, aber jetzt wirken sie hoffnungslos veraltet. Sollten die Ärmel zu lang sein, lassen Sie sie kürzen.

46

Gemustert oder einfarbig? Entscheiden Sie sich für einfarbig. Das wirkt seriöser, dezenter und Sie haben es leichter, ein passendes Accessoire zu finden.

47

48

Stimmen Sie Handtasche und Schuhe farblich aufeinander ab. Auch der Gürtel, falls Sie einen tragen, sollte in das Farbschema passen. Zu schwarzen Schuhen sieht eine schwarze Handtasche am besten aus, bei Brauntönen haben Sie mehr Spielraum, hier können auch ein dunkles Rot oder ein schönes Grün harmonieren.

49

Achten Sie beim Kauf von Blusen und Hemden darauf, ob Sie sich spontan mit dem Kragen anfreunden können. Wenn der Kragen nicht richtig sitzt, Sie irgendwie stört oder Ihre Bewegungen nicht mitmacht, werden Sie das Modell, egal wie edel und teuer, niemals richtig mögen.

Investieren Sie in einen schlichten, edlen kamelhaarfarbenen Mantel. Der passt zu fast allen Businessoutfits und lässt sich für die Freizeit auch lässig kombinieren.

50

51

Ein klares Outfit assoziiert Ihr Gegenüber mit einer klaren, geradlinigen, kompetenten Persönlichkeit. Lassen Sie alles Überflüssige weg, dann setzen Sie sich automatisch ins beste Licht. Wenn Sie einen besonderen Akzent setzen möchten, der Ihre Persönlichkeit unterstreicht, beschränken Sie sich auf ein Accessoire.

52

Pumps mit hohen, schmalen Absätzen sehen auch im Businessbereich sehr elegant aus – vorausgesetzt, sie sind gut gepflegt und werden regelmäßig repariert. Hochgeschobenes Leder und andere Schrammen, die beim Gehen über raues Pflaster, Gullys und Belüftungsgitter entstehen können, ruinieren jeden Look.

Fingerhandschuhe aus weichem Leder sind in der kalten Jahreszeit ein beliebtes Accessoire. Wenn Sie jemandem auf der Straße die Hand schütteln möchten, dürfen Sie sie anbehalten, in geschlossenen Räumen sollten Sie Ihre Fingerwärmer aber spätestens zur Begrüßung abstreifen.

54

Sie wollen schlankere Hüften? Lassen Sie bei Ihren Hosen die Taschenbeutel entfernen und die Schlitze zunähen. Sie wollen einen flacheren Bauch? Wählen Sie einen Hosenschnitt mit seitlichem Reißverschluss und möglichst ohne Bundfalten.

Stofftyp und Stoffgewicht sollten zur Jahreszeit passen. Eine kuschelige Tweedjacke sieht im Hochsommer ebenso deplaziert aus wie ein kühler Leinenanzug auf der Weihnachtsfeier.

55

56

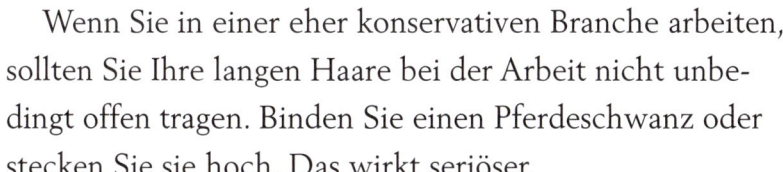

Wenn Sie in einer eher konservativen Branche arbeiten, sollten Sie Ihre langen Haare bei der Arbeit nicht unbedingt offen tragen. Binden Sie einen Pferdeschwanz oder stecken Sie sie hoch. Das wirkt seriöser.

Kaufen Sie die etwas teureren Elemente Ihrer Garderobe nur in Geschäften, die über ein eigenes Änderungsatelier verfügen und auch in der Lage sind, Ihren hochwertigen Blazer, kostspieligen Mantel oder exklusiven Hosenanzug fachgerecht abzustecken.

57

58

Wenn Sie eine wirklich gut angezogene Frau sehen, bewundern Sie sie – und dann machen Sie sich an die Arbeit: Versuchen Sie zu ergründen, warum diese Dame so gut angezogen aussieht. Wie ist ihre Kleidung zusammengestellt? Wie geht sie mit Farben um? Was für eine Figur hat sie und wie unterstreicht sie die Vorzüge? Wie ist sie geschminkt? Und so weiter. Solche Analysen, egal ob anhand von Fotos oder lebendigen Studienobjekten, werden Ihre Gespür für gute Looks schulen.

59

Leere Gürtelschlaufen an Jeans oder Khakihosen sind okay, bei Ihrer Businesshose sollten Sie die Schlaufen aber entweder ihrem Zweck entsprechend mit einem schönen Gürtel »füllen« oder sie abtrennen bzw. von der Änderungs-schneiderin abtrennen lassen.

60

Businessoutfits sollten zwar klassisch und zeitlos sein – das heißt aber nicht, dass Sie sie ewig tragen müssen. Schicken Sie altgediente Kostüme oder Hosenanzüge in den Ruhestand. Gönnen Sie sich mal wieder ein aktuelleres Ensemble.

LÄSSIGES ZUM RELAXEN

Freizeitkleidung und Sportswear-Elemente haben in den letzten zehn Jahren eine immer größere modische Bedeutung bekommen. Auch nach Feierabend und am Wochenende schicke und gepflegte Outfits zu tragen, gilt inzwischen als Ausweis von Kultur und Lifestyle. Davon abgesehen erobert die legere Garderobe immer mehr Branchen und Geschäfts-bereiche. Gründe genug also, dem ausgeleierten Sweatshirt und der uralten Jogginghose endlich eine klare Absage zu erteilen.

Auch wenn Sie nicht zu den Allergrößten gehören – flache Schuhe wie die klassischen Tod's wirken auch bei zierlichen Frauen einfach cool und verhelfen Ihnen zu einem entspannten, lockeren Gang.

61

In Ihrem Schrank herrscht drangvolle Enge? Versuchen Sie es mit dem »System à la Saison«. Motten Sie zum Winterende die dicken Sachen ein, damit Sie Ihre leichte Garderobe besser im Blick haben. Und wenn die Tage wieder kürzer werden, gehören alle Sommerfähnchen in einem großen Koffer auf den Dachboden, unters Bett oder in den Keller. Vorher alle Teile gründlich reinigen und Mottenpapier nicht vergessen!

62

63

Tragen Sie in der Freizeit nicht systematisch Ihre alten Klamotten auf – außer vielleicht zum Gärtnern oder Autobasteln. Kaputte Gammelsachen zeugen von mangelndem Selbstrespekt. Gönnen Sie sich auch zu Hause schöne Kleidung, das sind Sie sich schuldig.

Waschen Sie Hemden, T-Shirts und andere körpernahe Stücke vor dem ersten Tragen. Damit entfernen Sie eventuelle Chemikalienreste vom Färben oder Ausrüsten und beugen so Hautreizungen vor.

64

65

Nichts ruiniert ein Outfit so gründlich wie Selbstzweifel. Ziehen Sie an, wonach Sie sich fühlen – und tragen Sie diesen Look mit voller Überzeugung. Verderben Sie sich nicht die Laune mit Überlegungen, ob das rote Polohemd nicht doch besser zu Ihrer beigen Hose gepasst hätte oder die klassischen Loafer schicker gewesen wären als die modernen Edelsneakers. Jetzt haben Sie das Outfit an – und damit basta.

66

Enge Hosen sind schick und sexy. Wer allerdings keine gazellenschlanken Oberschenkel und Waden hat, sollte etwas legerer geschnittene Modelle wählen, das streckt und optimiert die Figur.

Schulterpolster erzeugen eine unnatürlich kastige Silhouette. Besonders überflüssig sind sie in T-Shirts und Pullovern. Raustrennen, wegwerfen und hoffen, dass sie nie wieder in Mode kommen.

67

68

Sie möchten Ihren Stil komplett ändern oder suchen nach Anregungen für kleine Erneuerungen? Gehen Sie in ein großes Bekleidungsgeschäft und probieren Sie ausschließlich Sachen an, die Sie sonst niemals auch nur in Betracht gezogen hätten. Sie mögen keine Kleider? Auf geht's, nehmen Sie so viele wie möglich mit in die Kabine. Sie hassen Hosen? Anziehen! Sie werden überrascht sein, was Ihnen wider Erwarten doch ganz gut steht und an sich gefällt.

Ärmellose Tops lassen den Busen größer wirken. Allerdings braucht man dafür auch schöne, feste Arme. Faltige Hornhaut am Ellenbogen und schlaffes Gewebe am Oberarm sehen dagegen nicht so gut aus. Hier helfen sorgfältige Pflege und ein konsequent durchgehaltenes Trainingsprogramm mit Hanteln und Co.

69

70

Wildleder heißt auch Rauleder, und so sollte es auch aussehen. Blanke Stellen mit einem speziellen Radiergummi oder einer Drahtbürste vorsichtig aufrauen.

71

Überschätzen Sie nie Ihre Figur. Knappe Minis, bauchfreie Tops, Hüfthosen – für das alles brauchen Sie wirklich einen Superbody. Wenn Sie keine Model-Maße haben, beweisen Sie Souveränität und überlassen Sie es anderen, sich in solchen Outfits lächerlich zu machen.

Wenn Sie unter Hitzewallungen leiden, sollten Sie Cardigans statt Pullover
und lockere Tücher oder Schals statt
enge Kragen wählen. So können Sie
schnell ablegen, bevor Sie allzu sehr ins
Schwitzen kommen. Vermeiden Sie auch
die Figur betonende, stark anliegende
T-Shirts und Bodys.

Wenn Sie unter Hitzewallungen leiden, sollten Sie Cardigans
statt Pullover und lockere Tücher oder Schals statt enge Kragen
wählen. So können Sie schnell ablegen, bevor Sie allzu sehr ins
Schwitzen kommen.

73

74

Nehmen Sie sich ein realistisches Shopping-Programm vor. Versuchen Sie nicht, fünf Outfits auf einmal zu kaufen inklusive sämtlicher Accessoires. Drei bis vier Teile sind die oberste Grenze, die sorgfältig auszusuchen ist anstrengend genug.

75

Hüllen Sie sich niemals von Kopf bis Fuß in ein und dieselbe Farbe. Ein komplettes Outfit in Rot, Grün, Gelb oder Blau wirkt plakativ und wenig subtil, eins ganz in Grau wirkt langweilig, eins ganz in Schwarz wirkt traurig. Setzen Sie immer kontrastierende farbliche Akzente, auch wenn es nur eine schöne bunte Brosche ist.

Tierchen, Herzchen, Teddybärchen sind niedlich, kein Zweifel, aber nicht auf Kleidungsstücken einer erwachsenen Frau. Das Gleiche gilt auch für all die anderen »süßen« Deko-Motive. Jenseits des Teenageralters unbedingt weglassen.

76

Längsstreifen strecken die Figur optisch und helfen damit sowohl fülligeren als auch kleineren Frauen. Wer sehr groß gewachsen ist und nicht noch länger wirken möchte, sollte sie allerdings meiden.

77

Sich über sein Outfit Gedanken zu machen und morgens nicht wahllos irgendwelche Sachen überzuziehen, ist sicherlich sinnvoll und ein Teil unserer Alltagskultur. Aber übertreiben Sie es nicht und lassen Sie Mode nicht in Stress ausarten. Die meisten Menschen, mit denen Sie im Laufe eines Tages zu tun haben, werden ohnehin nicht genau registrieren, was Sie tragen, und falls doch, es rasch wieder vergessen. Machen Sie die Probe aufs Exempel und fragen Sie zehn Leute nach der Kleidung, die Sie gestern anhatten. Was allerdings sehr wohl in den Köpfen hängen bleibt, ist der Gesamteindruck, also eine Stilkategorie wie damenhaft, lässig, sexy, extravagant, natürlich, romantisch, praktisch, unauffällig oder Ähnliches.

78

79

Daunenjacken liegen zwar im Trend, sind aber oft sehr voluminös. Um den Michelin-Männchen-Effekt zu vermeiden, wählt man ein möglichst schlankes Modell, am besten im Raglanschnitt. Sehr zierliche Frauen sollten kritisch prüfen, ob das anziehbare Federbett ihnen wirklich steht oder sie eher in eine Kugel auf Beinen verwandelt.

Wenn Freizeitlook angesagt ist, dann aber richtig. Lassen Sie alles, was zum klassischen Businessoutfit gehört, außen vor. Die meisten Stilpannen entstehen, weil Elemente aus diesen beiden Bereichen ungeschickt vermischt werden, zum Beispiel die nüchterne, schwarze Handtasche fürs Büro zu lässigen Edel-Sneakers oder Bootsschuhen.

80

81

Mode ist ein Prozess. Auch wenn Sie heute überzeugt sind, dass dieser oder jener Look Ihnen perfekt steht und Sie nie wieder etwas anderes tragen möchten – im nächsten Jahr werden Sie einen neuen Favoriten haben.

82

Egal welchem Sport Sie in Ihrer Freizeit gerne nachgehen, achten Sie unbedingt auf qualitativ hochwertiges, geeignetes Schuhwerk. Das sieht nicht nur schick aus, sondern schont auch Sehnen, Bänder und Gelenke.

Selbst auf hochsommerlichen Gartenpartys und anderen Freiluftevents kann es abends kühl werden. Nehmen Sie eine leichte Jacke mit. Es muss ja nicht gleich der dunkle Winter-Cardigan sein, eine luftige Wirkware mit hohem Baumwollanteil macht einen viel frischeren Eindruck und erfüllt trotzdem ihren Zweck.

83

Schwarzes Leder ist eine problematische Wahl. Außer im typischen Look der Rockerlady oder als superteure Designerklamotte sieht es selten richtig gut aus. Vorsicht auch mit Outfits, die ganz aus Leder bestehen, wie Leder-Kostüm und Leder-Hosenanzug, das ist schnell »zu viel des Guten«.

84

85

Frauen mit etwas fülligerer Figur versuchen häufig, ihre Rundungen unter ungünstig weiten Kleidungsstücken zu verstecken. Besser: Immer auf gute Passform achten, egal in welcher Größe. Zeltartige Sachen machen nicht schlank, sondern unförmig.

86 Auch die lässige Freizeitgarderobe sollte sorgfältig gewählt und zusammengestellt sein. Kaufen Sie statt der fünf langweiligen T-Shirts im Vorteilspack lieber ein schönes Markenhemd, das Ihnen perfekt passt und richtig gut steht. Qualität sollte immer vor Quantität kommen.

87 Kleidung ist Entertainment. Wenn Sie keinen Spaß haben, eine bestimmte Jacke, Hose, Weste, Bluse etc. zu tragen, werden andere auch keinen Spaß haben, Sie darin anzuschauen. Klamotten, die Sie nur lustlos anziehen, in die Kleidersammlung!

88

Freizeitkleidung soll zu unserem Lebensstil passen, schick sein, locker wirken und ein gewisses Wochenend-Wohlgefühl vermitteln. Warum legen wir die gleichen Maßstäbe nicht auch an die Businessgarderobe an? Korrekte Kleidung muss nicht automatisch steif, konservativ, veraltet und unbequem sein.

89

Poloshirts von Lacoste oder Ralph Lauren passen zu fast allen lässigen Looks und sind in manchen Branchen sogar bürotauglich.

Auch beim Freizeitlook sollten die Proportionen zwischen Schuh und Hose stimmen. Weite Cargohosen harmonieren am besten mit robusten Sportschuhen, die ruhig ein bisschen klobig sein dürfen. Enge Röhrenjeans oder sommerliche Caprihosen verlangen zierliches Schuhwerk wie z. B. flache Ballerinas.

90

91

Übertreiben Sie es nicht mit der Sportkleidung. Ein polartaugliches Outdoor-Survival-Outfit sieht komisch aus, wenn Sie mit Ihrem Hund nur fünf Minuten durch die winterliche Stadt spazieren wollen. Und wer eben mal zum Kiosk fährt, braucht keine komplette Radlerausrüstung samt Wasserflasche, Profi-Team-Shirt und Spezialschuhen. Einfache Freizeitkleidung ist angemessener.

92

Lassen Sie sich in Ihrer Kaufentscheidung nicht beeinflussen. Auch wenn Ihr Liebster oder Ihre beste Freundin finden, dass dieses oder jenes Teil Ihnen hervorragend steht – in erster Linie müssen Sie selbst sich darin mögen, schließlich ist es Ihr Outfit.

93

Oft verbinden wir bestimmte Ereignisse mit bestimmter Kleidung. Wenn Sie in dieser Hinsicht sensibel sind, sollten Sie Stücke, die Sie an eine schlimme Zeit erinnern, weggeben. Sie fühlen sich unbewusst doch nicht mehr wohl darin und machen es sich nur unnötig schwer, die Vergangenheit ruhen zu lassen und positiv in die Zukunft zu schauen.

94

Vorsicht vor ausgesprochenen Modefarben (daran zu erkennen, dass sie plötzlich in sämtlichen Modejournalen und Schaufenstern auftauchen). In der nächsten Saison sehen Sie damit unweigerlich wie »von gestern« aus.

95

Jogginganzüge sind zum Joggen gedacht, nicht zum Einkaufen im Supermarkt oder für die Städtetour am Wochenende.

96

Sonnenbrillen sind zwar cool, aber es ist äußerst uncool (und unhöflich), sie in geschlossenen Räumen aufzubehalten.

Waschen Sie dunkle Sweatshirts, Hemden und Pullis mit der Außenseite nach innen, damit schlagen Sie hellen Fusseln ein Schnippchen. Sollte in der Waschmaschine doch einmal der Flusengeist gewütet haben, hilft nur eins: sorgfältiges Absammeln, Abbürsten oder notfalls Entfernen mit dem Kleberoller. Fusseln sehen sehr ungepflegt aus.

97

98

Sie wissen einfach nicht, was Ihnen wirklich steht? Bitten Sie Ihre Freundin, Sie in verschiedenen Outfits zu fotografieren oder, noch besser, Videoaufnahmen zu machen. Das hilft Ihnen, Ihren Look neutraler zu beurteilen.

99

Hängen Sie Gestricktes nicht auf den Bügel, sonst verzieht es sich und leiert aus. Legen Sie die empfindlichen Teile zusammen und reservieren Sie ihnen ein ausreichend großes Fach in Schrank oder Kommode.

Bleiben Sie auch bei der Freizeitkleidung Ihrem Stil treu. Wenn Sie normalerweise eher im klassischen Golf-Look herumlaufen, wird ein hippes XXL-Skater-Shirt in Ihrer Garderobe – und an Ihnen – aussehen wie ein Fremdkörper.

100

101

Sie haben endlich einen Hersteller gefunden, der T-Shirts, Tops, Hemden oder andere Basics genau so liefert, wie Sie sie mögen? Aus richtig schönem Material und in genau dem Schnitt, der Ihnen so gut steht? Herzlichen Glückwunsch. Kaufen Sie einen ganzen Stapel auf Vorrat.

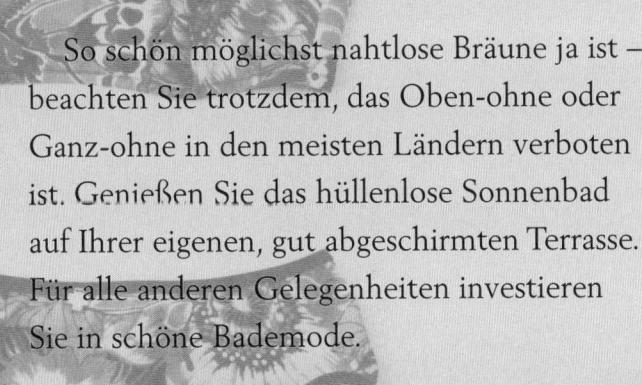

So schön möglichst nahtlose Bräune ja ist –
beachten Sie trotzdem, das Oben-ohne oder
Ganz-ohne in den meisten Ländern verboten
ist. Genießen Sie das hüllenlose Sonnenbad
auf Ihrer eigenen, gut abgeschirmten Terrasse.
Für alle anderen Gelegenheiten investieren
Sie in schöne Bademode.

102

103

Für den Shoppingbummel brauchen Sie eine unkomplizierte Frisur, besonders wenn Sie Pullover, T-Shirts und Sweatshirts anprobieren wollen. Nachdem Sie drei verschiedene Modelle über den Kopf gezogen haben, werden Sie ziemlich wild aussehen. Alternative: Sie nehmen die Sachen mit nach Hause und probieren Sie in aller Ruhe und ohne Haarstress.

Noch ein Tipp zum Thema Shoppingbummel: Tragen Sie ein aufknöpfbares Oberteil, aus dem Sie leicht heraus- und auch bequem wieder hineinkommen. Das reduziert vielleicht ein wenig Ihren Widerwillen, überhaupt etwas anzuprobieren – wo doch die Anprobe so wichtig ist, um Fehlkäufe zu vermeiden.

DER GROSSE AUFTRITT

Ein Gourmet-Menü in einem guten Restaurant, ein exklusiver Ball oder die Galapremiere Ihrer Lieblingsoper – Anlässe, mal wieder seine sorgfältig zusammengestellte Abendgarderobe groß auszuführen gibt es genug. Es lohnt sich, bei Frisur, Make-up und Outfit ein bisschen Aufwand zu treiben, denn eine festliche Erscheinung unterstreicht den besonderen Charakter dieser Stunden und erhöht den Genuss.

Wer selten hochhackige Schuhe trägt, sollte vor dem großen Abend ein wenig zu Hause üben. Ein staksiger, unsicherer Gang ruiniert auch das schönste Outfit. Wenn Sie befürchten, einen ganzen langen Abend auf Highheels nicht durchzustehen, wählen Sie lieber einen etwas flacheren Absatz, sonst werden Sie sich kaum entspannt amüsieren können.

105

106

Wenn Sie ein Kleid mit einem großen Dekolleté kaufen, achten Sie darauf, dass Sie sich trotzdem sicher und ungezwungen darin bewegen können.

107

Was bedeutet der Hinweis »Abendanzug« auf der Einladung? Der Herr trägt Smoking (oder sogar Frack), die Dame Abendkleid (falls der Begleiter Frack gewählt hat, muss es lang sein), im Winter mit Abendmantel. Wenn der Gastgeber einen bestimmten Dresscode ausdrücklich wünscht, ist es höchst unhöflich, diese Vorgabe zu ignorieren und nicht angemessen gekleidet zu erscheinen.

108

Ihnen hat jemand Cocktailsauce oder Rotwein auf das Abendkleid gekippt? Zeigen Sie Klasse, indem Sie das Malheur mit Humor nehmen. Versuchen Sie den Fleck notdürftig zu entfernen und anschließend zu vergessen.

Zwei Damen im selben Outfit auf der Party, dem Ball, der Gala? Wenn es nicht gerade um Ihr Kleid geht, tun Sie so, als bemerkten Sie den unglücklichen Zufall gar nicht, wenn doch, bleiben Sie cool und verbünden Sie sich mit Ihrer »Zwillingsschwester für einen Abend« (zusammen fotografieren lassen etc.). Falls dies aus irgendwelchen Gründen nicht möglich ist und Sie den Abend nicht mehr genießen können – fahren Sie vorzeitig nach Hause.

109

110

Wenn Sie schon beschlossen haben, sich groß in Schale zu werfen, dann bitte richtig und mit allen Konsequenzen. Gesundheitshalbschuhe zum kleinen Schwarzen wirken absolut lächerlich. Schwingen Sie sich in Ihre hohen Pumps, auch wenn die nicht ganz so bequem sind.

Ein schwarzer Rock kombiniert mit einer weißen Bluse ist zwar theoretisch ein korrektes Outfit für einen Empfang am Nachmittag, sieht in der Praxis aber leicht ein bisschen nach Kellnerin aus. Achten Sie auf hervorragende Qualität der Teile und tragen Sie auf keinen Fall eine schwarze Weste dazu.

111

Auf einer großen gesellschaftlichen Abendveranstaltung in unpassender, schlampiger oder zu legerer Kleidung zu erscheinen, ist eine grobe Missachtung der Etikette und verletzt sowohl den Gastgeber als auch die anwesenden Gäste. Wenn Sie absolut nichts anzuziehen haben, kaufen Sie sich etwas, leihen Sie sich etwas – oder sagen Sie rechtzeitig ab.

112

113

Lassen Sie Ihre geräumige schwarze Business-
handtasche zu Hause, wenn Sie groß ausgehen.
Abendtäschchen müssen einfach klein und
unpraktisch sein – aber mehr als Ihren Lippenstift und ein Taschentuch brauchen Sie eh nicht.

Kaufen Sie sich ein zeitloses »kleines Schwarzes«. Mit diesem knielangen (oder kürzeren), figurbetonten und schnörkellosen schwarzen Cocktailkleid sind Sie für fast alle Abendanlässe gerüstet.

114

Anlässe, die ein langes Abendkleid erfordern, sind Bälle und alle Veranstaltungen mit der Vorsilbe »Gala«, also Gala-Premieren, Gala-Dinners etc.

115

116

Im Gegensatz zu den Herren dürfen Ladys in geschlossenen Räumen Hüte und andere Kopfbedeckungen aufbehalten.

Weiß kann man nicht Ton in Ton tragen, das sieht merkwürdig aus. Versuchen Sie, wenn Sie unbedingt Weiß mit Weiß kombinieren möchten, die Nuance möglichst exakt zu treffen. Es gibt leider mehr Weißtöne, als man denkt. Das gleiche gilt für den Umgang mit Schwarz.

118

Zwar gibt es heute keine festen Regeln mehr, was man in die Oper, Operette oder ins Theater anzuziehen hat, trotzdem ist ein solcher Abend etwas Besonderes, und der Respekt vor der Leistung der Musiker, Sänger, Tänzer und Schauspieler gebietet es, nicht in normaler Straßenkleidung zu erscheinen, sondern ein festliches Outfit zu wählen.

Wenn Sie für Ihren großen Auftritt eine besondere Frisur einplanen, probieren Sie vorher aus, ob Sie das haarige Kunstwerk auch sicher allein hinbekommen. Wenn nicht, muss kurz vorher Zeit für den Friseur sein – oder Sie entscheiden sich für ein anderes Hairstyling.

119

120

Lange Abendhandschuhe können Sie die ganze rauschende Nacht hindurch anbehalten. Auch zum Händeschütteln brauchen Sie sie nicht abzustreifen.

121

Eng geschnittene lange Röcke sollten aus elastikhaltigem Material geschneidert sein oder einen Gehschlitz haben, damit die Trägerin nicht trippeln muss. Denken Sie immer daran: Auch in der kostbarsten, aufwändigsten Abendrobe müssen Sie sich noch halbwegs normal bewegen können. Wenn nicht, wird das Outfit unweigerlich merkwürdig, wenn nicht gar lächerlich aussehen.

Wenn Sie zu einer Hochzeit eingeladen sind, erkundigen Sie sich ruhig nach dem Dresscode, ob groß und traditionell gefeiert wird oder eher leger. Vermeiden Sie es auf jeden Fall, sich schicker oder auffälliger als die Braut zu stylen. Die Braut ist die Hauptakteurin des Tages und niemand darf ihr die Schau stehlen!

122

Kaufen Sie niemals ein Kleid für einen großen Anlass, in das Sie sich erst reinhungern müssen. Was ist, wenn Sie die Diät nicht durchhalten oder die Gewichtsabnahme geringer ist als geplant? Dann stehen Sie plötzlich ohne Outfit da.

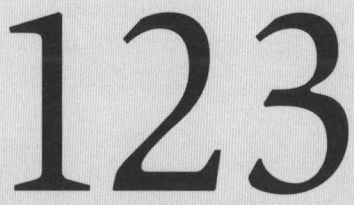

123

Wenn Sie am Abend groß ausgehen möchten, sollten Sie, wenn es irgendwie einzurichten ist, am Nachmittag etwas Zeit zum Entspannen einplanen. So wirken Sie ausgeruhter und entspannter, als wenn Sie keine Pause hatten und sich erst in letzter Minute umziehen konnten.

124

Aus Nervosität oder Verlegen-
heit spielen viele Frauen in unge-
wohnten, unübersichtlichen oder
einschüchternden Situationen mit
ihren Haaren, den Ohrringen,
dem Handtaschenbügel oder was
ihnen sonst gerade in die Finger
kommt. Kontrollieren Sie sich und
stellen Sie dieses Verhalten ab. Es
wirkt gehemmt und unsicher.

125

126

Sie haben Karten für eine Opernpremiere ergattert? Viel Spaß
dabei – und denken Sie daran: Herren tragen dunklen Anzug
oder Smoking, Damen ein Cocktail- oder ein langes Abendkleid.

127

Auch ein schlichter Business-Hosenanzug lässt sich in ein glamourös-elegantes Abendoutfit umstylen. Tragen Sie die Jacke zugeknöpft über einem darunter unsichtbaren Body oder offen über einem glitzernden Top. Vervollständigen Sie den Look mit einem schönen Collier oder einer langen Perlenkette, einer strassbesetzten Kuverttasche aus schwarzem Lackleder und hohen Pumps.

Für die ganz großen Tage oder Abende im Leben lohnt es sich, ein bisschen tiefer in die Tasche zu greifen. Gönnen Sie sich den Luxus und lassen Sie sich professionell von der Kosmetikerin oder einem Make-up-Artist schminken. Rechtzeitig den Termin buchen!

129 128

Vorsicht vor kleinen Abendhandtaschen mit Magnetverschluss, die können den Magnetstreifen von EC-, Kredit- und anderen datentragenden Karten beschädigen oder völlig unlesbar machen.

130

Wer begleitet Sie zum großen Abend und wie wird Ihr Partner aussehen? Paare wirken zusammen besonders gut, wenn ihre beiden Outfits stilistisch und farblich harmonieren. Das hat aber nichts mit Partnerlook zu tun.

131

Sie sind allein auf der Party, kennen keine Menschenseele und fühlen sich ausgeschlossen? Fassen Sie sich ein Herz und gehen Sie auf jemanden zu. Die korrekte Form, sich selbst in lockerer Runde vorzustellen, lautet: »Hallo, ich bin…« Sagen Sie Ihren Namen deutlich, nuscheln Sie nicht. Um das Eis zu brechen, erwähnen Sie gleich noch, woher Sie die Gastgeberin oder den Gastgeber kennen, so geben Sie Ihrem Gegenüber ein Stichwort, an das er anknüpfen kann. Sie werden sehen, es funktioniert.

132

Wie wäre es statt eines Dekolletés mal mit einem großzügigen Rückenausschnitt? Das wirkt sexy und raffiniert. Auch eine ideale Lösung, wenn Sie mit Ihrer Haut im Hals- und Brustbereich nicht mehr so ganz zufrieden sind.

In eng anliegenden Abendkleidern ist eine perfekte Silhouette besonders wichtig. Helfen Sie Ihrer Figur, wenn nötig, ein bisschen auf die Sprünge und greifen Sie zu stützenden, formenden Dessous. Probieren Sie aber unbedingt vorher in Ruhe aus, ob und wie sie sich damit bewegen können. Ein langer Opernabend in einem Korselett, in dem Sie fünf Kilo leichter wirken aber kaum Luft holen können, wird kein Genuss.

133

Es ist ein Fauxpas, zu einem Anlass underdressed zu erscheinen – aber es ist genauso stillos, overdressed zu sein. Bei einer legeren Einladung oder einem gemütlichen Beisammensein zu feine und zu festliche Kleidung zu tragen, stellt einen Affront für die anderen Anwesenden dar.

134

135

Zu einem Abendkleid können Sie keine Alltagsschuhe anziehen. Leisten Sie sich ein paar elegante aber möglichst neutrale Abendschuhe. Die sind zwar teuer, aber die Investition lohnt sich, denn da sie nicht so häufig getragen werden, halten sie fast ewig.

136

Nach dem großen Auftritt lassen Sie Ihr Abendoutfit reinigen und verstauen es liegend in einer großen Kiste, das ist schonender, als es auf einen Bügel zu hängen. Mottenpapier nicht vergessen. Wenn Sie mögen, können Sie auch ein Duftsäckchen dazulegen, dann riecht das Kleid angenehm frisch, wenn Sie es das nächste Mal tragen wollen.

137

Auch auf Abendveranstaltungen kann es kühl und zugig sein. Und vielleicht möchten Sie auch mal ins Freie, um ein bisschen frische Luft zu schnappen und Sauerstoff für die nächsten zehn Tänze zu tanken. Eine zum Kleid passende Stola oder ein großes neutrales Schultertuch aus Kaschmir sind genau richtig. Das sieht elegant und gleichzeitig modern aus und hält Sie warm.

DESSOUS UND STRÜMPFE

Dessous und Strümpfe gehören zu den persönlichsten Elementen unserer Bekleidung. Trotzdem und gerade deshalb sollten sie nicht vernachlässigt werden, denn sie sind der ideale Weg, sich jeden Tag ein bisschen zu verwöhnen. In erster Linie ziehen wir hochwertige Wäsche ja für uns selbst an und nicht für andere. Damit Mode »darunter« richtig Spaß macht, sollte sie perfekt sitzen, niemals kneifen oder einschneiden – und natürlich zur Persönlichkeit ihrer Trägerin passen.

Gönnen Sie sich schöne Unterwäsche, in der Sie sich wohl und weiblich fühlen. Damit verstärken Sie Ihr positives Selbstempfinden, Ihre Haltung strafft sich und Sie wirken insgesamt attraktiver und sicherer.

138

139

Europäerinnen zeigen gern nacktes Bein, wogegen – zumindest in der Freizeit – ja auch nichts zu sagen ist. Vorsicht jedoch bei Reisen in die USA. Hier sind (auch im Hochsommer) Strümpfe Pflicht. Das gilt vor allem für den Businessbereich.

Moderne Mikrofaser-Materialien sind ideal fürs Darunter: Leicht, fein, sportlich, atmungsaktiv – und sie beulen im Gegensatz zu Baumwolle nicht aus.

140

141.

Wenn Sie gern enge Hosen oder Röcke tragen, aber das, was Woody Allen die »SSL« (die sichtbare Slip-Linie) nannte, vermeiden wollen, kaufen Sie sich String-Tanga-Slips.

Seide ist nicht elastisch und passt sich deshalb kaum dem Körper an. Nicht so ideal für BHs und Slips, dafür umso schöner als Hemdchen oder Negligé. Das zarte Gewebe braucht allerdings eine schonende Pflege bei geringen Waschtemperaturen und möglichst einem Spezialshampoo für Feines.

142

143

Schwarze Dessous bilden manchmal einen zu harten Kontrast zu blasser Haut. Versuchen Sie es mit Wäsche in edlem Dunkelblau, diese Farbe schmeichelt jedem Typ.

144

Sie finden Ihren Po zu flach oder zu formlos? Es gibt spezielle Slips, mit denen sich diese Partie etwas aufpolstern und stützen lässt.

145

Immer nur hautfarbene Feinstrumpfhosen? Experimentieren Sie ruhig einmal mit den neuesten wilden Farben und Mustern der Saison. Das bringt Schwung in Ihre Garderobe und kostet nicht die Welt.

146

Spitze wird heute nicht mehr geklöppelt, sondern entsteht auf dem Webstuhl. Der Charakter des Materials spielt mit dem Reiz von Verbergen und Verhüllen. Wenn sie schön gemacht sind, gehören Dessous aus feinen Spitzenstoffen zum Schönsten, was man sich für darunter leisten kann.

Wenn Sie im Sommer Feinstrumpf-Füßlinge in Ihren Schuhen tragen, achten Sie darauf, dass sie wirklich unsichtbar bleiben. Herausschauende hautfarbene Gummibündchen wirken nicht sehr elegant.

147

148

Laufmaschen sind ärgerlich, lassen sich aber auch durch größte Vorsicht nicht immer vermeiden. Nehmen Sie bei wichtigen Terminen eine Ersatzstrumpfhose mit.

BHs sollten nicht einschneiden. Furchen am Rücken, die durch zu enge Modelle entstehen, ruinieren jede Silhouette.

149

Weiße oder sehr helle Feinstrumpfhosen lassen selbst schlanke Beine dicker wirken als sie sind. Das gleiche gilt für helle Exemplare mit Glanzeffekt. Je neutraler dagegen der Ton der Strumpfhose, desto weniger Aufmerksamkeit wird auf die untere Körperhälfte gelenkt.

150

151

Kleine Löcher und beginnende Laufmaschen lassen sich im Notfall mit etwas (farblosem) Nagellack oder Klebstoff flicken.

152

Blickdichte Strumpfhosen passen besser zu flachen Schuhen, feine und transparente Strumpfhosen eher zu hohen Absätzen. Denken Sie daran, dass Sie Schuhe, die Sie mit blickdichten oder sogar dicken Strickstrumpfhosen anziehen möchten, möglichst auch darin anprobieren, damit Sie sie nicht zu klein kaufen.

153

Die Den-Zahl auf der Packung gibt die Fadenstärke an. Alles unter 20 den ist sehr fein, sieht sehr elegant aus, geht aber auch sehr schnell kaputt.

154

Auch wenn Sie einen kleinen Busen haben, der keine Unterstützung braucht – tragen Sie unter enger Kleidung trotzdem ein Stretch-Top oder ein Bustier, damit sich Ihre Brustwarzen nicht zu stark abzeichnen.

155

Sie verlängern die Lebensdauer Ihrer Strümpfe und Strumpf-hosen, wenn Sie auf gut geschnittene und schön glatt gefeilte Fußnägel achten. Füße außerdem immer gut eincremen, damit die Hornhaut schön weich bleibt und keine Fäden reißt.

Feinstrumpfhosen vor dem Anziehen
immer ganz aufrollen, dann vorsichtig
über die Füße streifen, anschließend bis
zu den Knien hochziehen und zum Schluss
Oberschenkel und Bund in Angriff nehmen.
Niemals mit Gewalt an dem empfindlichen
Gewebe herumzerren.

156

157

Auch lange oder rissige Fingernägel bedrohen Ihre Strumpfwaren. Im Handel gibt es spezielle Handschuhe, die man zum An- und Ausziehen überstreifen kann.

158

Wenn Sie im Winter dickere Strumpfhosen anziehen möchten, stimmen Sie die Farbe doch einmal auf das Oberteil ab. Beispiel: Anthrazitgraues Nadelstreifenkostüm mit kurzem Rock, roter Rollkragenpullover, rote Strumpfhosen, schwarze Stiefel mit langem Schaft.

Noch ein Tipp für ein langes Strumpfleben: Vermeiden Sie zu enge Schuhe mit scheuernden Stellen und schlechter Innenverarbeitung. Darin ziehen Sie sich nämlich unweigerlich Fäden, so dass Laufmaschen vorprogrammiert sind. Vorsicht auch bei Stiefeln mit Reißverschluss.

159

160

Waschen Sie feine Strumpfwaren von Hand in lauwarmem Wasser mit einem guten Feinwaschmittel.

161

Rattankorbsessel und anderes Gartenmobiliar sind während der Freiluftsaison eine Gefahr für feines Strumpfwerk. Es ist fast unmöglich, nicht daran hängen zu bleiben und sich keine Laufmaschen zu reißen. Tragen Sie auf entsprechenden Events nicht gerade Ihre teuersten Strümpfe – oder bevorzugen Sie Stehpartys.

162

Außer unter langen Hosen sehen Feinkniestrümpfe immer unschön aus. Wofür Feinsöckchen erfunden wurden, weiß niemand so genau. Die kann man selbst unter Hosen nicht tragen, denn kaum setzt man sich hin, kommen das Bündchen und das nackte Bein darüber zum Vorschein.

163

Falls Sie empfindliche Feinstrumpfhosen in der Waschmaschine waschen möchten, wählen Sie unbedingt den Schongang und benutzen Sie ein Wäschesäckchen. Das kann auch ein ausgedienter kleiner Kopfkissenbezug sein, der sich gut zuknöpfen lässt.

164

Nach dem Waschen und Spülen drücken Sie feine Strümpfe und Strumpfhosen vorsichtig in einem flauschigen Handtuch aus und lassen sie auf einem zweiten, noch trockenen Handtuch bei Zimmertemperatur an der Luft trocknen. Niemals wringen, ziehen oder zerren!

165

Selbsthaltende Strümpfe haben ein mit Silikon beschichtetes Strumpfband. Diese Silikonschicht hält den Strumpf aber nur in Position, wenn er gut auf Ihrer Haut haften kann, d. h. diese Stelle des Oberschenkels trocken und fettfrei ist. Benutzen Sie keine reichhaltigen Körperlotionen.

166

Wenn Sie im Winter einen Außentermin haben, ziehen Sie statt des Kostüms Ihren Hosenanzug an – und darunter eine warme Wollstrumpfhose. Dann lässt sich der Ortstermin oder die Baustellenbesichtigung einigermaßen gänsehautfrei überstehen.

167

Der Trockner ist der natürliche Feind von Kniestrümpfen und Strumpfhosen aus Wolle oder Wollgemischen. Höchste Einlaufgefahr! Auch wenn es etwas länger dauert – diese Formen der Beinbekleidung gehören immer auf die gute alte Wäscheleine.

168

Zarte Dessous aus Seide und anderen edlen Materialien sollten Sie, wenn irgendwie möglich, immer von Hand waschen, vorsichtig spülen und im Handtuch ausdrücken.

169

Wenn Sie die eingenähten Pflegeetiketten aus Ihren Dessous herausschneiden möchten, weil sie kitzeln, kratzen, hervorschauen oder anderweitig stören, machen Sie sich die Mühe und schreiben Sie auf einen Zettel, welche Stücke wie gewaschen werden müssen. Hängen Sie diese Gedächtnisstütze in Ihren Kleiderschrank oder in die Nähe der Waschmaschine.

170

Das Zusammenspiel von Strumpfwerk und Hose ist ein schwieriges Kapitel. Achten Sie darauf, dass das Hosenbein entweder gefüttert ist oder der Strumpf glatt genug, damit die Hose sofort in die richtige Position rutscht, wenn Sie sich aus dem Sitzen erheben. In Wadenhöhe hängen bleibende Hosenbeine sind unschön und peinlich.

171

Mit neutralen, ungemusterten, hautfarbenen Feinstrumpf-hosen liegen Sie im Businessbereich immer richtig. Aber auch ganz kleine Dessinierungen, die kaum ins Auge fallen, können Sie unbesorgt tragen. Vermeiden Sie einfach nur alles Grelle, Laute und Auffällige.

172

Kaufen Sie keine Wollstrumpf-imitationen aus 100 Prozent Kunstfaser. Die wärmen nicht richtig und führen zu schwitzigen Füßen.

173

Netzstrümpfe und Nahtstrümpfe in Schwarz eignen sich wegen ihres zweifelhaft-erotischen Beigeschmacks nicht fürs Business. Wenn sie aber doch gerade mal wieder in Mode sind und Sie den Trend mitmachen möchten, wählen Sie möglichst teure, geschmackvolle Modelle.

Dunkle blickdichte Strümpfe zum dunklen Kostüm? Das hieße, es mit der Seriosität ein wenig zu übertreiben. Solche Kombinationen wirken viel zu düster. Einzige Ausnahme: Schwarze Strümpfe zum schwarzen Outfit anlässlich einer Beerdigung.

174

175

Wählen Sie keine supertransparenten Feinstrumpfhosen, wenn Sie Krampfadern kaschieren möchten. Lassen Sie sich beraten, ob Stützstrümpfe in Ihrem Fall angebracht wären. Es gibt inzwischen sehr elegante Modelle, die längst nicht mehr nach Orthopädiebedarf aussehen.

176

Lagern Sie feine Strümpfe und Strumpfhosen nicht lose in Schrank oder Schublade, denn auch dort droht Gefahr von nicht ganz glatten Kanten oder rauen Holzstellen. Stecken Sie sie in die Originalverpackung zurück oder ersatzweise in einen kleinen Plastikbeutel.

Zarte Strumpfhosen, elegante Pumps, winterliche Temperaturen – da sind kalte Füße vorprogrammiert. Versuchen Sie es mit einer hauchdünnen Thermosohle zum Einlegen in den Schuh.

177

178

Push-up-BHs sind am besten für
die kleinere bis mittlere Brust geeignet.
Ein von Natur aus größerer Busen wirkt
darin eventuell zu üppig.

ACCESSOIRES

Ein paar schöne – ruhig auch etwas teurere – Accessoires machen eine gute Garderobe erst komplett. Allerdings heißt das Zauberwort hier »Klasse statt Masse« beziehungsweise »weniger ist mehr«. Sonst wirkt das Outfit schnell zu verspielt oder zu überladen. Selbst das kleinste Accessoire hat eine modische und stilistische Aussage. Unterschätzen Sie diesen Effekt nie und wählen Sie Ihre »Zutaten« ganz besonders sorgfältig aus.

Accessoires sind »Zubehör-Teile«, keine Hauptakteure! Sie sollen »zu« unserer restlichen Garderobe passen. Accessoires, für deren Einsatz man erst ein komplettes Outfit drumherum kaufen muss, machen selten Sinn und verschwinden erfahrungsgemäß schnell in der hintersten Schrankecke.

179

180

Auch bei Accessoires gilt: Die Gewichtung muss stimmen. Ein kräftiges Tweedkostüm verträgt eine robuste, vielleicht auch etwas größere Tasche. Ein federleichtes Sommerkleid mag dagegen keinen Ballast und wird am besten durch ein zierliches Henkel- oder Riementäschchen ergänzt.

Trocknen Sie regen- oder schneenasse Handschuhe aus feinem Leder niemals auf einer direkten Wärmequelle (Heizkörper, Ofen etc.), sondern einfach nur bei Zimmertemperatur. So vermeiden Sie, dass das Leder brüchig wird.

181

182

Ringe sollten nicht so eng sein, dass die Finger »abgequetscht« aussehen. Das lässt sie dick und wurstig wirken und führt außerdem auf die Dauer zu Druckstellen, Hautproblemen und Durchblutungsstörungen.

Perlenketten sind klassische Schmuckstücke, die jeder Frau stehen, jedem Hautton schmeicheln und jedes Outfit aufwerten. Allerdings brauchen sie eine sorgfältige Behandlung, sonst leidet der sogenannte Lüster, der sprichwörtliche Perlmuttschimmer. Parfum, Haarspray, Körperlotion, starkes Schwitzen, Make-up und gleichzeitig getragene Gold- oder Silberketten können die Oberfläche stumpf machen oder zu Verfärbungen und Kratzern führen.

183

184

Uhrenarmbänder aus Leder halten nicht ewig, vor allem dann nicht, wenn Sie die Uhr täglich tragen. Bevor es allzu gammelig aussieht oder sogar reißt, lassen Sie das Armband austauschen.

Riemchenpumps verkürzen die Beine optisch. Wählen Sie Modelle, bei denen die Riemchen möglichst tief sitzen, also eher am Spann als am Knöchel. Außerdem sollten die Riemchen schön schmal sein und mit einer nicht zu auffälligen Schnalle geschlossen werden.

185

186

Lange Ohrgehänge helfen, ein eher rundes Gesicht schlanker wirken zu lassen. Ungeeignet sind dagegen alle Formen des Ohrschmucks, die auf Kugeln oder Kreisen beruhen.

Auch Brillen sind Accessoires, die den Gesamteindruck mitbestimmen. Wählen Sie das Gestell passend zur Gesichtsform: In runde Gesichter passen eckige Formen, längliche Gesichter sehen mit großen und breiten Brillen gut aus, kantige Konturen vertragen runde Gestelle und ovale Gesichter können fast alles tragen.

Handtaschen sollten nicht nur im Stil zu Ihnen passen, sondern auch in der Größe. Winzige Beutelchen sehen an großen Frauen ebenso merkwürdig aus wie kofferähnliche Gebilde an zierlichen.

188

189

Wenn Ihre Haut auf Modeschmuck mit Juckreiz und Pickeln reagiert, haben Sie wahrscheinlich eine Nickelallergie. Konsultieren Sie Ihren Arzt oder Ihre Ärztin. Wenn sich der Verdacht bestätigt, sollten Sie nur noch echten Schmuck oder als nickelfrei oder hypoallergen ausgewiesenen Modeschmuck tragen.

Auch wenn es noch so schwer fällt, gönnen Sie Ihren Lieblingsschuhen nach jedem Tragen mindestens einen Tag Pause, damit das Leder trocknen und sich erholen kann.

190

Pullover sind nicht nur zum Überziehen da, sondern eignen sich auch als Accessoire. Legen Sie sich ein feines Schurwoll- oder Kaschmirmodell um die Schultern oder knoten Sie es um Taille oder Hüfte.

191

192

Schuhe mit dunkel abgesetzter Zehenkappe, wie die berühmten zweifarbigen Chanel-Pumps, lassen einen langen Fuß kürzer und zierlicher wirken.

193

Accessoires aus Kunststoff sind nicht automatisch pflegeleicht. Ob witziger Plastikring oder heißgeliebte Swatch, die Materialien sind oft kratzanfällig. Hautcremes und Reinigungsmittel können sie außerdem stumpf machen.

194

Achtung beim Schuhkauf: Wenn Sie sich fragen, ob dieser Absatz zu hoch für Sie ist, dann ist er wahrscheinlich zu hoch. Wer jedoch generell gern Absätze trägt und in hohen Schuhen gut laufen kann, wird sich auch sehr schnell an ausgesprochene Highheels gewöhnen.

195

Ein paar schlichte Perlenohrstecker wirken edel, passen aber auch zu sportlichen Looks wie Jeans und Pullover.

Statt Seidentücher vor der Brust zu verknoten, kann man sie auch mit einem speziellen Tuchring zusammenhalten, den es in jeder Accessoire-Boutique zu kaufen gibt. Vor allem sehr voluminöse Carrés bleiben so flacher und tragbarer.

197

196

Vorsicht vor Pumps in Gold, Weiß, Metallicfarben und Wildkatzenoptik. Es ist so gut wie unmöglich, sie in ein stilvolles Outfit zu integrieren. Solche Modelle taugen höchstens als Mode-Gag, sind dann aber in der nächsten Saison schon nicht mehr zu tragen.

Viele Damen schwören auf einen Termin-
planer in Kalenderform oder als Ringbuch mit
individueller Seiteneinteilung. Wenn auch Sie
ohne Ihr »zweites Gedächtnis« aufgeschmissen
wären, gönnen Sie sich ein Markenprodukt.
Billige Werbegeschenke aus Plastik und mit
dem aufgedruckten Logo der großzügigen
Firma wirken ziemlich geschmacklos.

198

199

Im Fall von Einbruch oder Feuer ist Schmuck über die Hausratversicherung nur ungenügend abgedeckt. Besonders bei Erbstücken, die für Sie einen hohen ideellen Wert haben, wird oft nur eine verschwindend geringe Summe gezahlt. Erkundigen Sie sich bei Ihrem Versicherungsunternehmen und schließen Sie eventuell eine Zusatzpolice ab.

Pelzmäntel können Sie während der warmen Jahreszeit bei einem Kürschner aufbewahren lassen. Der Fachmann wird Ihr gutes Stück auch gerne rechtzeitig aufarbeiten, damit Sie es pünktlich zum Wintereinbruch wieder anziehen können.

200

201

Wenn Sie mit Ihrer neuen Eroberung nach Hause kommen, ziehen Sie nicht gleich die Pumps aus und die Birkenstocks an. Es sei denn, Sie wollten sich sowieso gleich noch eine Gurkenmaske auflegen.

Konkurrieren Sie nicht mit Ihrer Tochter. Rucksäcke sind ein Privileg der Jugend und sehen zu einem eher damenhaften Outfit etwas gewollt aus. Andersherum sollten Töchter nicht mit ihren Müttern konkurrieren. Mamas elegante Hermès-Handtasche wirkt zwar sehr erwachsen, passt aber nicht so richtig zu Jeans und Turnschuhen.

202

203

Wenn Sie eine der beliebten Marken-Logo-Taschen haben wollen, dann kaufen Sie sich das Original von Vuitton oder Gucci oder Prada oder was immer Sie ins Auge gefasst haben, aber lassen Sie die Straßenhändler mit ihren billigen Kopien links liegen. Solche Imitate sind peinlich und ruinieren Ihr Image – und es gibt mehr Leute als Sie denken, die diesen Schund auf sieben Meilen gegen den Wind erkennen.

Lassen Sie Ihre Perlenkette einmal im Jahr durch-
checken. Es ist besser, sie neu auffädeln zu lassen,
bevor der Faden brüchig wird und reißt und Sie
womöglich ein paar Perlen verlieren.

204

205

Nehmen Sie zum Schuhkauf Ihre eigenen Probiersöckchen mit. Dann können Sie sicher sein, Ihre Füße nicht in mehrfach getragene Exemplare stecken zu müssen. Probieren Sie Schuhe nie barfuß an – nicht nur aus hygienischen Gründen, sondern auch, weil Sie sonst den Sitz und die Passform des jeweiligen Modells nicht richtig beurteilen können.

206

Die Regel, dass man Echtschmuck und Modeschmuck nicht zusammen tragen darf, ist längst veraltet. Kombinieren Sie nach Lust und Laune – Hauptsache, die Stücke harmonieren stilistisch miteinander.

207

Sie suchen ein Schultertuch in einer ganz bestimmten Farbe zu einem ganz bestimmten Mantel, Kostüm oder Pullover. Und können genau diesen Farbton nirgendwo auftreiben? Oder finden die angebotenen Tücher zu teuer? Gehen Sie in eine gute Stoffhandlung und lassen Sie sich das Angebot an schönen, weichen Materialien zeigen. Bemessen Sie das Gewebe so, dass Sie mindestens ein Quadrat haben, großzügiger wird es mit einem langen Rechteck. Zu Hause versäubern Sie die Kanten oder bitten Ihre Änderungsschneiderin, dies zu tun.

208

Geben Sie Ihren Schmuck regelmäßig zum Juwelier. Der Fachmann entfernt Schmutz, der sich durch Schwitzen, Hautcreme, Staub etc. auch in den feinsten Ritzen ablagert, poliert kleine Kratzer heraus und bekämpft Verfärbungen und angelaufene Stellen. Sie werden sehen, Ihre Preziosen glänzen und funkeln wie neu.

209

Falten Sie Ihr Seidentuch zur Abwechslung auch mal zum Band und tragen Sie es als Gürtel oder Schärpe. Fragen Sie beim Kauf nach einer Broschüre mit Beispielen, wie Sie das Carrée sonst noch variieren können. Inzwischen gibt es sogar einschlägige Bücher zu diesem Thema.

210

Leisten Sie sich einen guten Regenschirm. Billigexemplare, die Sie zum wandelnden Werbeträger machen, zeugen von schlechtem Stil. An einem zeitlosen handgemachten Qualitätsschirm haben Sie lange Freude, so dass sich die Investition lohnt – falls Sie ihn nicht irgendwo stehen lassen.

211

Stimmen Sie Ihre metallische
Gürtelschnalle zur Abwechslung
einmal auf die gold- oder silber-
farbenen Elemente der anderen
Accessoires, die Sie gerade tragen,
ab. Goldig zu goldig, silbrig zu silbrig. Das sieht sehr aufgeräumt aus.

Sie haben Accessoires geerbt, mögen sie aber nicht tragen? Passt die Nerzstola, die Perlenkette oder die Armbanduhr nicht zu Ihrem Stil? Lassen Sie den Dingen Zeit. Vielleicht ist es nach dem Trauerfall zu früh für Sie, die Stücke als Ihre eigenen zu sehen und zu empfinden. Werfen oder geben Sie sie aber auf keinen Fall weg. Vielleicht überspringt das bestickte Handtäschchen ja eine Generation und wird das Lieblingskultobjekt Ihrer Tochter, Nichte oder Enkelin?

212

Ein teurer Füllfederhalter oder ein exklusives Schreibset sind schöne Accessoires, die auch wirklich benutzt werden sollten, auch wenn sie leicht verloren gehen oder geklaut werden. Um wirklich Freude zu machen, müssen Schreibutensilien ständig in Gebrauch sein, sonst trocknen sie ein und schreiben nicht mehr flüssig.

213

214

Ohrclips können bei längerem Tragen unangenehm drücken. Versuchen Sie es mit Modellen, die kleine Silikonpolster an den Auflagestellen haben. Wenn Sie Ohrschmuck wirklich lieben, sollten Sie auch über gestochene Ohrlöcher nachdenken, das erspart Ihnen die unangenehmen Clips.

Wer sich von klassischen Gürteln eingeengt fühlt, sollte es mal mit einem Kettengürtel probieren. Viele Modelle dieser Art lassen sich »stufenlos« auf die gewünschte Länge einstellen. Locker um die Hüften gelegt, bringen sie Schwung in Ihre Bewegungen, ohne dass sie kneifen oder stören.

215

216

Schaftstiefel sind schick und machen lange, schlanke Beine – aber nur, wenn der Schaft eng anliegt und nicht vom Bein absteht, sonst erzielt man den gegenteiligen Effekt.

217

Zum ganz in Schwarz gehaltenen Outfit müssen nicht automatisch schwarze Schuhe und eine schwarze Handtasche getragen werden. Experimentieren Sie ruhig einmal mit andersfarbigen Accessoires. Sehr edel wirkt auch die Kombination aus Schwarz und Dunkelblau.

218

Auch Armbanduhren sollten Ihren persönlichen Proportionen entsprechend gewählt werden. Sehr kleine Modelle sehen an zierlichen Frauen besonders schön aus, an sehr großen dagegen eher verloren. Große Uhren an dünnen Ärmchen wirken wie »von der großen Schwester geliehen«.

Bewahren Sie Schmuck in einem gepolsterten Schmuckkästchen mit möglichst vielen Unterteilungen auf, so vermeiden Sie Kratzer und andere Beschädigungen.

219

220

Markenschmuck aus einem bekannten Schmuckhaus, wie etwa Cartier, hat einen höheren Wiederverkaufswert als No-Name-Preziosen, falls Sie sich irgendwann einmal davon trennen wollen oder müssen. Heben Sie in jedem Fall das mitgelieferte Zertifikat gut auf. Als Wertanlage sollten Sie Schmuck trotzdem nicht betrachten, denn der Preis, den Sie für gebrauchte Klunkern erzielen können, ist erfahrungsgemäß sehr gering.

Spezielle Schaumstoffeinlagen geben dem Fuß auch in hochhackigen Schuhen Halt. So verhindern Sie, dass Sie mit den Zehen zu weit in die Spitze hineinrutschen, was auf die Dauer zu Schmerzen führen kann.

221

222

Wo soll der Gürtel sitzen? Taillengürtel können Sie etwas enger wählen, Hüftgürtel brauchen ein paar Löcher mehr. Am besten vor dem Kauf anprobieren.

223

Sie haben sich ein edles Kaschmirtuch gegönnt? Prima, dann tragen Sie es auch, am besten jeden Tag! Sparen Sie solche schönen Accessoires nicht für den sprichwörtlichen »besonderen Anlass« auf – sie sind da, um Ihnen Freude zu machen, und nicht, um in einer Pappschachtel zu versauern.

224

Wenn Sie große, auffällige Accessoires wie einen ungewöhnlichen Ring, eine exklusive Halskette oder einfach nur eine völlig überdrehte aber hübsche Brosche richtig zur Geltung kommen lassen wollen, dann tragen Sie Ihren Hingucker solo, verzichten Sie auf anderes schmückendes Beiwerk und ziehen Sie ein neutrales einfarbiges Outfit dazu an.

225

Manche Schuhe liebt man so sehr, dass man sie Jahr für Jahr tragen möchte. Aber irgendwann ist die Absatzform völlig aus der Mode. Wegwerfen? Auf den Dachboden mit den geliebten Tretern? In die Altkleidersammlung? Keineswegs! Sprechen Sie mit einem Schuster Ihres Vertrauens. In vielen Fällen kann er einen neuen, moderneren Absatz anbringen.

KLEINES BUDGET – GROSSE WIRKUNG

Guter Geschmack muss nicht teuer sein – und viel Geld sichert nicht automatisch eine exquisite Garderobe. Schon mit ein paar kleinen Tricks lassen sich die Kosten fürs Outfit erheblich minimieren, ohne dass dabei der Stil auf der Strecke bleibt. Allerdings gilt es zu unterscheiden: Es gibt Elemente der Kleidung, bei denen gut ein paar Euro gespart werden können, bei anderen wiederum sollte man konsequent auf beste Qualität bestehen.

226

Bevor Sie zum Shopping-bummel starten, sollten Sie sich ganz genau überlegen, wie groß Ihr finanzieller Spielraum ist. Suchen Sie dann gezielt nach Teilen, die für Sie erschwinglich sind. Lassen Sie teurere Ware konsequent links liegen.

Niemand braucht eine riesige Garderobe mit vielen teuren Stücken. Füllen Sie Ihren Kleiderschrank mit zeitlosen Basics, die Sie mit modischen Accessoires auf-peppen können. Auf diese Weise können Sie die Trends, die Ihnen gefallen, ruhig mitmachen, ohne sich jede Saison komplett neu einkleiden zu müssen.

227

228

An Blusen, Jacken und Mänteln hängt oft ein Tütchen mit passenden Ersatzknöpfen. Werfen Sie sie nicht weg, sondern richten Sie eine spezielle Knopfdose ein, in der Sie diese Schätze aufbewahren. Den einen oder anderen werden Sie brauchen.

Maximale Wirkung bei minimalem Budget erzielen Sie mit einer ganz auf Schwarz aufgebauten Garderobe. Schwarz wirkt immer edel. Die Teile sehen immer hochwertig aus, auch wenn sie es vielleicht nicht sind. Schwarz macht schlank. Es gibt keine Farbprobleme, alles kann mit allem kombiniert werden. Sie brauchen jedes Accessoire nur einmal zu kaufen (Schuhe, Schal, Handschuhe etc.). Schwarz braucht nicht ständig gereinigt zu werden.

229

230

Motten fressen Stoff – und damit ein Loch in Ihre Kleiderkasse. Sorgen Sie vor mit mottenabweisendem Schrankpapier (Ablaufdatum beachten und regelmäßig erneuern!) und/oder Zedernholzblöcken.

Fehlkäufe sind menschlich und passieren uns allen. Ärgern Sie sich nicht darüber, versuchen Sie lieber genau zu analysieren, was Sie genau an dem neuen Teil stört, warum Sie es trotzdem mitgenommen haben und was Sie in Zukunft beim Einkaufen besser machen können.

231

232

Eine gute Änderungsschneiderei kann in vielen Fällen helfen, die Passform Ihrer Garderobe optimal zu gestalten. Aber taugt die kleine Werkstatt an der Ecke auch etwas? Testen Sie ein Atelier, das Sie noch nicht kennen, indem Sie eine Änderung an einem nicht ganz so wichtigen Teil vornehmen lassen – und keinesfalls an Ihrem Lieblingsoutfit oder einer teuren Neuerwerbung.

Für kleine Budgets gilt ganz besonders: Kaufen Sie gezielt ein. Zehn Schnäppchen, die aber nicht zusammenpassen und Ihnen nach kurzer Zeit sowieso nicht mehr gefallen, sind herausgeschmissenes Geld.

233

Egal wie verlockend niedrig der Preis ist –
probieren Sie jedes Teil vor dem Kauf an. Geben
Sie kein Geld aus für um 50 Prozent reduzierte
Ware, die Ihnen nicht zu 100 Prozent passt.

234

235

Überlegen Sie sich gut, ob sie an ernsthaften Flecken wirklich selbst herumdoktorn wollen. Falls Ihre Bemühungen nichts fruchten: Ein Kleidungsstück mit einem nicht fachmännisch bearbeiteten Fleck wird von den meisten Reinigungen nämlich nur sehr ungern oder gar nicht mehr angenommen.

Sie möchten unbedingt ein Status-Accessoire von Vuitton, Hermès, Gucci oder einem anderen renommierten Label haben, obwohl das eigentlich über Ihre Verhältnisse geht? Okay, aber nehmen Sie möglichst kein sogenanntes »Einsteigermodell«, die verbreiten immer ein gewisses Flair von »zu mehr hat es leider nicht gereicht«. Sparen Sie einen Monat länger und kaufen Sie sich ein ernst zu nehmendes Stück. Schließlich wollen Sie es ein paar Jahre lang tragen.

Wenn Sie gerne Hemdblusen mit Klappmanschette tragen: Die kleinen geflochtenen Seidenknötchen, die es in allen denkbaren Farben gibt, sind eine preiswerte aber sehr hübsche Alternative zu kostbaren Manschetten-knöpfen aus Edelmetall.

237

238

Stehen gebliebene Quarz-Armbanduhren möglichst schnell zum Uhrmacher bringen. Wird nicht zügig eine neue Batterie eingesetzt, kann die alte unter Umständen auslaufen und die Uhr ruinieren.

239

Auch die teuersten Klamotten verhelfen nicht zu einem strahlenden Image, wenn die Trägerin ihre persönliche Pflege vernachlässigt. Eine herausgewachsene oder gar keine Frisur, schlechte Haut, schmutzige Fingernägel, ungeputzte Zähne, Körpergerüche – all das zieht das Outfit mit herunter. Umgekehrt wirken auch preiswerte Teile an einer top-gepflegten Frau sofort edel und attraktiv. Also, bringen Sie zuerst sich selbst auf Vordermann, und erst dann Ihren Kleiderschrank.

240

In manchen Boutiquen wird man wirklich von oben herab behandelt, nach dem Motto »na, ob die sich das leisten kann?« Doch so gerne Sie der arroganten Verkäuferin auch Ihre Finanzkraft beweisen möchten, lassen Sie sich niemals zu solchen Spontanausgaben verleiten. Es ist nämlich leider Ihr Geld, das Sie vergeuden, und nicht das der unsympathischen Zicke.

241

Investieren Sie nicht in Modetrends, deren Haltbarkeitsdatum gerade abläuft. Wenn Sie sich etwas wirklich Aktuelles kaufen möchten, greifen Sie den kommenden Trend auf, so können Sie Ihre Anschaffung eventuell länger als eine Saison tragen.

Auch wenn die hellblauen Pantöffelchen mit den rosa Strass-Applikationen noch so schick aussehen und supertrendy sind – falls in Ihrem Kleiderschrank die Erdtöne dominieren, lassen Sie sie einfach stehen.

242

243

Stimmen Sie auch die Farbe Ihres Haarbandes oder Haargummis auf die restliche Kleidung ab, damit sich die Farben nicht beißen und ein harmonischer Gesamteindruck bis ins letzte Detail hinein entsteht. Das wirkt edel, sorgfältig und sophisticated – und der Spaß kostet nicht viel.

Handschuhe aus hellem Leder werden schnell schmutzig und unansehnlich. Das ist aber kein Grund, sie wegzuwerfen. Fragen Sie im Fachgeschäft nach einem speziellen Shampoo für Lederhandschuhe. Damit werden die guten Fingerlinge zwar auch nicht mehr unbedingt wie neu, sehen aber wieder wesentlich appetitlicher aus. Und ein bisschen Patina schadet eh nicht.

244

245

Uhrenarmbänder in poppigen Modefarben sind zwar schick, schränken aber die Kombinationsmöglichkeiten stark ein. Wer sich nicht dutzendweise Uhren kaufen kann oder möchte, ist mit einem schwarzen oder braunen Band bestens bedient. Auch ein Bicolor-Edelstahlarmband, das sowohl zu Silber- als auch zu Goldschmuck passt, ist eine sehr kluge Wahl.

246

Handtaschen mit Schulterriemen
sollten zu Ihrer Körpergröße passen
bzw. entsprechend einstellbar sein,
damit Sie Ihnen nicht in Wadenhöhe
oder direkt unter der Achsel hängen
(es sei denn, Sie wollen es so).

247

Damit in Ihrem Kleiderschrank immer ein frisches Klima herrscht und Ihre Outfits appetitlich gepflegt duften, wenn Sie sie anziehen möchten, sollten Sie getragene Teile möglichst getrennt aufbewahren. In den Schrank darf nur Gewaschenes und Gereinigtes. So sorgen Sie außerdem gegen Mottenbefall vor.

Gerade bei knapp kalkuliertem Budget tut man sich schwer, Sachen wegzuwerfen. Aber auch wenn der Blazer noch so teuer war und die Pumps aus einem noch so angesagten Laden stammten – was Sie definitiv nicht mehr brauchen oder wollen, gehört ausrangiert.

248

249

Putzen und pflegen Sie Ihre Lederhandtasche so sorgfältig wie Ihre Schuhe, dann bleibt das Leder lange schön. Benutzen Sie ein Pflegepräparat aus dem Fachgeschäft oder eine gute Schuhcreme. Testen Sie das Produkt gegebenenfalls an einer unauffälligen Stelle.

250

Brandlöcher, Mottenlöcher, ein kleiner Riss im Gewebe, weil Sie irgendwo hängen geblieben sind – zeigen Sie das Unfall-Outfit einer Kunststopferin. In vielen Fällen ist nämlich noch etwas zu retten.

251

Suchen Sie ein passendes Teil zu einem bestimmten Kleidungsstück? Dann ziehen Sie dieses Kleidungsstück auch an oder nehmen es wenigstens mit, wenn Sie auf Shoppingtour gehen.

252

Einen hartnäckigen Fleck, der auch nach mehreren Wäschen noch deutlich zu sehen ist, können Sie eventuell durch eine schöne Stickerei oder Applikation kaschieren. Auch Broschen und Ansteckblumen können ihn wegzaubern.

Für Accessoires brauchen Sie kein Vermögen auszugeben. Eine witzige Abendtasche vom Flohmarkt, eine hübsches Collier mit Strasssteinen, eine klassische Swatch tun es auch – Hauptsache, es passt perfekt zu Ihnen, Ihrem Stil und dem Outfit, das Sie gerade tragen.

253

254

Passt diese Bluse farblich zu meiner Hose? Bitten Sie jemanden vom Verkaufspersonal, Ihnen das Stück im Tageslicht zu zeigen. Was im Kunstlicht der Boutique harmonisch aussieht, kann sich im Sonnenschein beißen.

255

Lassen Sie sich auch im Schlussverkauf nie von einem niedrigen Preis verführen. Würde das Teil auch dann Ihre Aufmerksamkeit auf sich ziehen, wenn es doppelt so teuer wäre? Wenn nicht, lassen Sie es links liegen – egal, wie günstig es ist.

Unterziehen Sie Ihren Kleiderschrank regelmäßig einer kritischen Überprüfung. Klamotten, die Sie definitiv nicht mehr tragen oder noch nie getragen haben, sind Fälle für den Second-Hand-Laden. Das Geld, das Sie dort bekommen, können Sie für ein zeitloses Teil anlegen, das Ihnen wirklich steht und gefällt.

256

257

Viele Teile werden nicht getragen, weil der Saum herunterhängt, eine Naht aufgegangen ist oder der Reißverschluss klemmt. Selbst reparieren oder in der Änderungsschneiderei reparieren lassen!

258

Wenn Sie lange Freude an Ihren Schuhen haben möchten, gönnen Sie ihnen Schuhspanner. Falten im Leder, die durch die natürliche Abrollbewegung des Fußes entstehen, werden auf diese Weise geglättet und der Schuh bleibt insgesamt in Form.

259

Gehen Sie gezielt im Schlussverkauf auf Schnäppchenjagd. Oft können Sie dann Top-Klamotten zu moderaten Preisen bekommen. Allerdings beginnt der Sale inzwischen schon lange vor dem offiziellen Start. Ziehen Sie also rechtzeitig los, damit Sie noch eine möglichst große Auswahl haben.

260

Vorsicht beim Shopping auf Reisen. In manchen Ländern ist die Mehrwertsteuer nicht im Preis inbegriffen. Sie taucht deshalb auch nicht unbedingt auf den Warenauszeichnungen auf, sondern erst beim Bezahlen an der Kasse.

Sie möchten einen längeren Rock in einen flotten Mini umgearbeitet haben? Bitten Sie die Änderungsschneiderei, einen großzügig bemessenen Saum einzuplanen. Auf diese Weise können Sie ihn auch wieder länger machen lassen, wenn Sie den Kurz-Look nicht mehr mögen.

261

262

Sparen Sie bei teuren Seidentüchern nicht an der Reinigung, lassen Sie sich notfalls von einer renommierten Boutique oder einer Schneiderin einen guten Betrieb empfehlen. Bei der Handwäsche daheim könnten die Farben verlaufen.

263

Wenn Sie im Geschäft über einen Preis verhandeln wollen, tun Sie dies freundlich und höflich. Patzige Forderungen stoßen auf taube Ohren. Verlangen Sie niemals absurd hohe Nachlässe.

264

Nehmen Sie keine verschmutzte Ware, auch wenn die Verkäuferin bei ihrer Großmutter schwört, dass der kleine Fleck nur Staub sei und bestimmt herausgeht. Wenn nicht, werden Sie große Schwierigkeiten haben, das vergeblich gewaschene oder gereinigte Teil umzutauschen.

Bei manchen Stricksachen bilden sich kleine Wollknötchen an den besonders beanspruchten Stellen. Sie können sie mit einem speziellen Wollrasierer entfernen, ein normaler Rasierer tut es aber auch.

265

266

Oftmals zeigt sich erst zu Hause, ob die neuen Stücke tatsächlich mit den vorhandenen Teilen kombinierbar sind. Tauschen Sie Fehlkäufe möglichst bald um oder nehmen Sie, falls vorhanden, die Geld-zurück-Garantie in Anspruch. Heben Sie immer die Kassenbons auf.

Sie haben keine teuren Klunkern? Macht nichts, zuviel Schmuck, überladene Hälse und Handgelenke sind sowieso out. Ein einziges Teil, also eine Kette oder eine Uhr oder ein Ring, genügt völlig.

267

Twinsets gibt es in den unterschiedlichsten Formen und Materialien – und man bekommt drei Outfits in einem: das Oberteil, die Jacke und die Kombination aus beidem. Zugreifen!

268

269

Die Entscheidung für ein Tattoo sollte gut überlegt sein, nicht nur aus finanzieller Sicht. Trotz Lasertechnik ist es nicht ganz einfach, die Hautbilder wieder zu entfernen, falls sie Ihnen eines Tages nicht mehr gefallen sollten. Alternative: Aufgemalter oder aufgeklebter Hautschmuck (Vorsicht bei Allergien).

Nicht nur Klamotten freuen sich über ein bisschen Pflege, auch Ihr Schrank wird begeistert sein, wenn Sie ab und zu den Boden aussagen und gründlich Staub wischen. Dann bleibt auch der Schrankinhalt länger frisch.

270

271

Second-Hand-Shops sind ideale Ziele für den Einkaufsbummel mit kleinem Budget. Inzwischen gibt es auch sehr gute Läden mit gebrauchter, zum Teil nur einmal getragener Designermode. Wem Klamotten anderer Leute unsympathisch sind, hält hier Ausschau nach Second-Hand-Accessoires wie wertvollen Handtaschen und Modeschmuck.

CLEVER KOFFER PACKEN UND REISEN

Reisen gehört inzwischen fast selbstverständlich zu unserem Leben. Neben den erholsamen Urlaubswochen stehen für viele Frauen auch regelmäßig berufliche Fahrten und Flüge im Terminkalender. Verbunden damit ist jedesmal dieselbe Frage: Was muss ich mitnehmen und wie schaffe ich es trotzdem, ein wenig Gepäck zu sparen? Schließlich wollen wir auch unterwegs schick aussehen – aber ohne unnötigen Ballast mit uns herumzuschleppen.

Auf langen Flugreisen hilft ein Wohlfühl-Handgepäck: Kuschelige Socken, damit Sie Ihre engen Schuhe ausziehen können und trotzdem keine kalten Füße kriegen, eine Strickjacke oder ein großes Schultertuch gegen die eisige Klimaanlage und eine Feuchtigkeitscreme gegen die trockene Luft.

272

273

Nehmen Sie auf Reisen möglichst wenig Schmuck mit. Checken Sie vorher, welche Stücke zu welchem Outfit passen, und lassen Sie den Rest zu Hause.

274

Ein Wendegürtel mit einer braunen und einer schwarzen Seite ist ein idealer Reisebegleiter, denn die schwarze Seite passt zu schwarzen Business-Schuhen, während die braune Seite Ihre Freizeitkleidung ideal ergänzt.

275

Viele Kosmetikprodukte gibt es auch in handlichen Reisegrößen, die Platz und Gewicht sparen. Überlegen Sie bei längeren Aufenthalten, ob es nicht bequemer ist, sich ein simples Shampoo oder eine gängige Sonnencreme am Urlaubsort zu besorgen, anstatt zu Hause gekaufte Artikel durch die Gegend zu schleppen.

Beim Strandurlaub im Mittelklasse-Hotel können Sie eigentlich tragen, was Sie wollen. Erscheinen Sie aber bitte trotzdem nicht halbnackt im Speisesaal, sondern ziehen Sie sich ein leichtes Kleid oder Hose und T-Shirt über Badeanzug oder Bikini.

276

277

Der Urlaub in einem Hotel der Komfortklasse oder der Luxuskategorie erfordert ein bisschen Sorgfalt in Kleiderfragen – und einen großen Koffer. Strandkleidung sollte wirklich nur am Strand oder am Pool getragen werden. Für Mittag- und Abendessen im Hotelrestaurant brauchen Sie präsentable Kleider, Kostüme oder Hosenkombinationen bzw. elegante Garderobe zum Dinner. Cocktailkleid oder Abendkleid für Galaveranstaltungen nicht vergessen.

Wenn Sie zu einem wichtigen geschäftlichen oder privaten Anlass anreisen, packen Sie ihre »offizielle« Garderobe möglichst ins Handgepäck. Koffer pflegen immer dann verloren zu gehen oder sich erheblich zu verspäten, wenn man ihren Inhalt am Nötigsten braucht.

278

In manchen Ländern wird es gern gesehen, wenn auch der Gast seine Schuhe beim Betreten der Wohnräume auszieht. Achten Sie also auf saubere, vorzeigbare Strümpfe.

279

280

Prüfen Sie vor der Reise, ob Ihre Outfits wirklich in Ordnung sind. Einen losen Knopf befestigen Sie besser zu Hause mit dem passenden Garn als notdürftig mit dem spillerigen Faden aus dem Hotel-Nähset.

281

Sie wollen keine Extraklamotten für die Freizeit mit auf Geschäftsreise nehmen, sich nach den Terminen aber trotzdem ein bisschen legerer kleiden? Ersetzen Sie die feine Bluse durch ein sportliches Hemd und die Jacke von Kostüm oder Hosenanzug durch eine Strickjacke oder einen Pullover.

Wenn Sie eine längere Anreise vor sich haben, werfen Sie sich – wenn irgend möglich – erst kurz vor dem wichtigen Termin in Ihre Businessklamotten. Besonders im Sommer ist es angenehm, nicht völlig verschwitzt und in zerknitterten Sachen anzukommen. Falls Sie übernachten, können Sie sich vielleicht vorher im Hotel umziehen. Wenn es gar keine Möglichkeit zum Outfitwechsel gibt, hängen Sie im Auto wenigstens Ihre Jacke auf einen Bügel hinter sich.

282

283

Sie sind übers Wochenende eingeladen und wissen nicht, was Sie mitnehmen sollen? Fragen Sie die Gastgeberin ganz offen, welche Aktivitäten (Reiten, Wandern, mit den Kindern toben, Dinner daheim, Restaurant, Oper?) auf dem Programm stehen und welcher Dresscode angesagt ist. Das ist kein Zeichen von Unsicherheit oder Fantasielosigkeit, sondern beweist nur Ihren Wunsch, angemessen gekleidet zu sein – auch als Zeichen Ihrer Wertschätzung gegenüber der Gastgeberin.

»Räum endlich Deinen Schrank auf« – sind Sie als Kind auch mit solchen Befehlen traktiert worden? Doch selbst wenn Ordnungsaktionen nerven, überwinden Sie sich und nehmen Sie sich ab und an ein wenig Zeit dafür. Ein übersichtlicher Schrank, in dem Sie alles auf Anhieb finden, erleichtert das Kofferpacken nämlich ganz ungemein.

284

285

Handgepäck ist eine sinnvolle Sache, verzichten Sie nicht darauf. Alle wichtigen und wertvollen Dinge sollten Sie auf Reisen bei sich tragen und nicht dem Koffer anvertrauen. Dazu gehören Ihre persönlichen Reise- und Ausweisdokumente, Bargeld, Schecks, Kreditkarten aber auch Medikamente, die Sie regelmäßig einnehmen müssen, und teurer Schmuck oder Stücke, an denen Sie sehr hängen.

286

Für traditionell organisierte Schiffsreisen und Kreuzfahrten ist eine umfangreiche Garderobe erforderlich, die auch Abendkleidung und zweckmäßige, klimazonenangepasste Outfits für die Landgänge einschließt. Informieren Sie sich vorher, welche Dresscodes an Bord Ihres Schiffes üblich sind.

Bei Jacken ist die Schulter die empfindlichste Partie. Damit sie nicht völlig zerdrückt aus dem Koffer kommt, polstern Sie sie am besten mit Strümpfen, Unterwäsche oder zusammengerollten T-Shirts aus.

287

288

Koffer mit Packplatte und elastischen Riemen halten den Inhalt wenigstens ansatzweise an Ort und Stelle. Nehmen Sie vor dem Kauf die Innenausstattung Ihres Wunschmodells genau unter die Lupe.

Packen Sie eine Reisetasche, sollten
schwere Sachen wie Schuhe, Jeans und
robuste Pullover nach unten kommen,
empfindliche Blusen liegen am besten
ganz oben.

Leinen ist bekannt für seine phänomenale Knitteranfälligkeit. Am wohlsten fühlt es sich frisch gebügelt in Ihrem Schrank – prall gefüllte Koffer und enge Flugzeugsitze sind ihm ein Gräuel. Wenn Sie Ihre Leinensachen unbedingt dabeihaben möchten, sollten Sie an ein kleines Reisebügeleisen denken.

290

291

Ein Paar im Wagen deponierte alte Handschuhe – oder auch spezielle Autofahrerhandschuhe, wenn Sie die mögen – bewähren sich an der Tankstelle, wenn Sie auf dem Weg zur Arbeit oder auf Geschäftsreise Ihre frisch manikürten Hände vor Benzinspritzern, Dieselgeruch und Scheibenwasserschmutz schützen möchten.

Manche Hotels bieten Zimmer mit Bügelbrett und Bügeleisen oder halten diese Utensilien für ihre Gäste zur Ausleihe bereit. Fragen Sie schon bei der Reservierung danach.

292

Kostüme und Hosenanzüge aus hochwertigen Materialien überstehen die Reise oft am besten. Wolle, Kaschmir, Mohair bzw. Mischgewebe aus diesen Fasern sind durchaus koffertauglich. Auch ein kleiner Synthetikanteil kann die Knitterresistenz verbessern.

293

294

Vorsicht mit den Schuhputzmaschinen, die in fast allen Hotels zu finden sind, besonders wenn Sie helles Schuhwerk tragen. In der Regel werden diese Apparaturen von Herren in braunen Brogues oder schwarzen Oxfords benutzt, und deshalb können Sie selbst bei der Düse mit der neutralen Creme und der Polierbürste nicht sicher sein, dass Ihre hellen Pumps von dunklen Flecken verschont bleiben.

295

Jeder Zentimeter zählt. Nutzen Sie auch die Hohlräume Ihrer Schuhe und bringen Sie darin Strümpfe, Wollhandschuhe oder andere unempfindliche Accessoires unter. Zusatznutzen: Die Schuhkappen werden nicht eingedrückt.

296

Wenn der Shoppingbummel zu Ihren liebsten Urlaubsaktivitäten zählt, sollten Sie eine flach zusammenfaltbare Extratasche einpacken, damit auf dem Rückweg in Ihrem Koffer nicht drangvolle Enge herrscht.

297

Hängen Sie empfindliche Teile auf einen Bügel neben oder über dem Koffer und packen Sie sie wirklich erst in letzter Minute ein. Am Ziel angekommen sollten sie sofort wieder herausgenommen werden. Den unempfindlichen Rest können Sie drinnen lassen, bis Sie sich ein wenig von den Strapazen der Reise erholt haben.

298

Gegen Knitterfalten hilft der Dampfbad-Trick. Nehmen Sie eine heiße Dusche oder lassen Sie die Badewanne einlaufen, bis warmer Wasserdampf Fensterscheiben, Spiegel und Kacheln beschlägt. Hängen Sie die verknitterten Teile in dieses tropische Klima – am nächsten Morgen sind sie frisch, fit und glatt.

299

Der ideale Koffer ist bis jetzt noch nicht erfunden worden, jedes Modell hat seine Vor- und Nachteile. Hartschalenkoffer sind gut für Flugreisen, denn sie überstehen auch die ruppigste Behandlung. Leider sind sie schwer und nicht immer hübsch anzuschauen. Lederkoffer sehen edel aus, sind aber empfindlich und müssen gut gepflegt werden. Nylonkoffer sind federleicht und dehnen sich etwas, wenn der Lieblingspullover in letzter Sekunde doch noch mit muss, schützen ihren Inhalt aber nicht vor Stößen oder einem Platzregen.

300

Sie reisen im eigenen Auto und haben jede Menge Platz im Kofferraum? Wunderbar. Nehmen Sie alles mit, worauf Sie Lust haben. Es macht Spaß, auch am Zielort eine gewisse Auswahl zu haben. Und wer weiß, vielleicht scheint ja in London doch die Sonne oder Rom versinkt im Schnee.

301

Erkundigen Sie sich vor der Reise über die Sitten und Gebräuche in Ihrem Gastland, dazu gehören auch die geltenden Kleiderregeln. Lesen Sie einen guten Reiseführer, oder, falls es sich um eine Region abseits der Touristenpfade handelt, fragen Sie beim Konsulat nach Informationsmaterial.

302

Dunkelblaue, schwarze oder anthrazitfarbene Basics sind perfekt für die Reise, denn sie brauchen nicht ständig gewaschen oder gereinigt zu werden. Selbst Garderobenalpträume wie Rotwein- oder Sojasaucenspritzer gehen an ihnen weitgehend spurlos vorüber.

Egal, in welchem Land der Welt Sie Urlaub machen, wenn Sie eine religiöse Stätte besichtigen möchten, tun Sie das bitte niemals in Strand- oder Badekleidung.

303

304

Bunte Gürteltaschen aus Plastik, in denen man Bargeld und Wertsachen angeblich diebstahlsicher durch den Urlaub transportieren kann, mögen vielleicht praktisch sein – sehen aber trotzdem unschön und unvorteilhaft aus. Alternative: Kleine Portemonnaies für das Nötigste, die in der Hosen- oder Rocktasche verschwinden, und alle anderen Habseligkeiten einfach im Hotelsafe lassen. Das ist eine ebenso hübsche wie effektive Methode der Diebstahlabwehr.

BEAUTY-TRICKS

Gute Kleidung ist die eine Seite der Stil-Medaille, die andere ist die Pflege von Haut und Haar. Eine elegante Erscheinung entsteht nur, wenn beiden Bereichen genügend Aufmerksamkeit gewidmet wird. Sorgfältige Hygiene und der Gebrauch von Kosmetika sollte für jede Frau selbstverständlich sein. Dabei geht es gar nicht so sehr um den vielbeschworenen Kampf gegen Fältchen und Falten, sondern schlicht darum, sich frisch und hübsch zu fühlen.

Der Make-up-Ton muss hundertprozentig zur Teintfarbe passen. Im Kaufhaus bei Kunstlicht schnell auf dem Handrücken testen, hat keinen Sinn. Gehen Sie zur Kosmetikerin, lassen Sie sich beraten und probieren Sie verschiedene Töne direkt im Gesicht, und zwar sowohl bei Kunst- als auch bei Tageslicht. Der Aufwand lohnt sich.

305

306

Körpergeruch ist peinlich und belästigt Ihre Umwelt. Benutzen Sie immer ein wirksames Deodorant.

307

Jeder Mensch hat seine eigene, persönliche Zahnfarbe. Blaustichige Lippenstifte wie Violett und Pink sind nur etwas für Besitzerinnen sehr weißer Zähne. Wer eher gelbliche Zähne hat (und das ist die naturgegebene Mehrheit), greift besser auf Rot- und Brauntöne zurück.

308

Nagellack hält länger, wenn der Nagel trocken (also nicht direkt nach dem Duschen), sauber und vor allem fettfrei ist (nicht vorher cremen). Auch die Verwendung eines speziellen Unterlacks lässt die Farbschicht besser haften.

309

Schmuck reduzieren! Goldklunker im Kilo machen Sie im Handumdrehen zehn Jahre älter.

310

Wenn Ihre Haare am Ansatz schnell fetten und in den Spitzen eher trocken sind, tragen Sie Kuren und Packungen so auf, dass vor allem die pflegebedürftigen Partien behandelt werden, während Ansatz und Kopfhaut frei bleiben.

Trockene Haut und Spannungsgefühl nach einer ausgiebigen Dusche? Versorgen Sie das Gesicht vorher mit einer Feuchtigkeitscreme.

311

312

Schwarz macht zwar schlank, aber nicht unbedingt schön. Dunkle Flächen, besonders in Gesichtsnähe, schlucken Licht und lassen den Teint fahl aussehen.

Make-up lässt sich nur auf glatter, makelloser Haut gleichmäßig verteilen. Lassen Sie Ihren Teint regelmäßig von der Kosmetikerin reinigen.

313

314

Sprießende Achselhaare sind nicht nur unästhetisch, sondern speichern auch Körpergeruch. Abhilfe schaffen Rasierer und Enthaarungscremes.

315

Ein Parfum pro Tag genügt, bleiben Sie dabei und sprühen Sie nicht mit einer anderen Sorte nach (es sei denn, Sie haben geduscht und ziehen frische Kleidung an), sonst entsteht schnell ein undefinierbares Duftchaos. Achten Sie beim Deo auf eine milde, neutrale, möglichst parfumfreie Zusammensetzung, die sich nicht mit Ihren Lieblingsparfums beißt.

Kosmetika sind nicht unbegrenzt haltbar und verdorbene Produkte können zu Hautreizungen führen. Durchforsten Sie regelmäßig Ihren Kosmetikschrank und werfen Sie alte Tuben und Tiegel einfach weg. Stark wasserhaltige Cremes halten drei, normale Cremes sechs Monate. Lippenstifte bleiben etwa ein Jahr lang frisch.

316

317

Behaarte Damenbeine sind nicht jedermanns Sache, weder nackt noch bestrumpft. Sorgen Sie für glatte Haut durch regelmäßiges Rasieren, Enthaaren mit speziellen Cremes oder Epilieren mit Wachs.

Wenn Sie zu Allergien und Hautreizungen neigen, testen Sie Kosmetikprodukte, die Sie zum ersten Mal gekauft haben, an einer kleinen Stelle auf der Innenseite des Handgelenks, am Hals oder einer anderen zarten Hautpartie. Haben sich nach 24 Stunden keine Reaktionen gezeigt, können Sie die Anwendung wagen.

318

319

Zu viel Mascara lässt die Wimpern unschön zusammenkleben oder bildet hässliche Klümpchen. Trennen Sie die einzelnen Härchen mit einer Wimpernbürste oder einem Wimpernkamm.

Ungepflegte Hände und abblätternder Nagellack
machen einen ausgesprochen nachlässigen Eindruck.
Mini-Maniküre: Nägel unter dem Rand säubern, auf
gleiche Länge bringen (ruhig auch relativ kurz) und
Hände immer gut gecremt halten.

320

321

Eine sieben Meilen gegen den Wind zu riechende Duftwolke wirkt aufdringlich und störend. Dosieren Sie sparsam, verwenden Sie tagsüber nur Eau de Toilette und Eau de Cologne. Das hoch konzentrierte Eau de Parfum sollte – wenn überhaupt – dem Abend vorbehalten bleiben.

Der Lidstrich ist immer wieder mal in Mode, für Ungeübte aber schwer hinzubekommen. Suchen Sie sich einen Schminkplatz, an dem Sie den Ellenbogen aufstützen können, dann gibt's weniger Wackler. Am Oberlid innen ansetzen und den Strich in einem Zug dicht am Wimpernansatz entlang nach außen ziehen.

Ein dezentes Permanent-Make-up kann eine gute Sache sein – aber nur, wenn es perfekt gemacht ist. Erkundigen Sie sich vorher genau über das Institut und fragen Sie Ihre Hautärztin oder Kosmetikerin. Bedenken Sie auch, dass es zu unvorhergesehenen Hautreaktionen kommen kann. Wer auf Nummer Sicher gehen möchte, verzichtet auf solche Maßnahmen.

323

324

Gezupfte Augenbrauen öffnen den Blick, lassen die Augen strahlen und wirken einfach gepflegter als haariger Wildwuchs. Folgen Sie der natürlichen Linie Ihrer Brauen und begradigen Sie lediglich den unteren Brauenrand, dann sieht's nicht nach Kahlschlag aus.

325

Kaufen Sie gutes Handwerkszeug für Ihre tägliche Haarpflege. Billige Plastikkämme und -bürsten haben oft scharfe Gussgrate, die das Haar regelrecht aufschlitzen. Empfehlenswert sind handgesägte Hornkämme und Bürsten mit echten Naturborsten. Sie sind etwas teurer, halten aber ewig. Und Ihre Haare werden es Ihnen danken.

Ständig müdes, schlappes Haar? Ein »bad hair day« reiht sich an den anderen? Vielleicht ist Ihr Haar überpflegt. Wenden Sie Kuren, Spülungen, Packungen und pflegende Styling-Produkte nicht zu häufig an, das beschwert das Haar unnötig und raubt ihm auf lange Sicht die Vitalität. Es gibt spezielle Reinigungs-shampoos, die den Pflegeüberschuss wieder herauswaschen.

326

327

Wenn Sie ernsthafte Hautprobleme wie Akne, Entzündungen, Allergien oder sehr trockene, gereizte Stellen haben, probieren Sie nicht erst monatelang das ganze Kosmetikregal Ihrer Drogerie durch, sondern gehen Sie so schnell wie möglich zum Hautarzt. Dort bekommen Sie die medizinischen Produkte, die Sie wirklich brauchen – und schon bald ist Ihre Haut wieder in Bestform.

328

Die richtigen Farben fürs Gesicht zu finden ist eine Sache, sie richtig aufzutragen die andere. Wenn Sie mit Ihrer Schminktechnik unzufrieden sind oder erfahren wollen, wie Sie noch mehr aus Ihrem Typ machen können, lassen Sie sich von einer Visagistin beraten und ein paar Make-up-Tricks zeigen.

329

Lange Haare sind ein wunderbarer Blickfang, können manchmal aber auch ganz schön nerven. Bitten Sie Ihre Friseurin, Ihnen eine hübsche Hochsteckfrisur zu zeigen. Wichtig ist, dass Sie genau wissen, wie es geht, damit Sie den Look auch ohne Hilfe zu Hause hinbekommen.

330

Bei starkem Haarwuchs auf der Oberlippe, an den Wangen oder am Kinn lohnt es sich eventuell, die Härchen von einer in dieser Technik geschulten Kosmetikerin veröden zu lassen. Das ist zwar etwas teurer, doch dafür sind Sie das Problem ein für alle Mal los und sparen sich das ständige schmerzhafte Zupfen.

331

Sie kommen nach einer langen, aufregenden Nacht nach Hause und möchten eigentlich nur noch eins: ins Bett und endlich schlafen? Wenn Sie irgendwie noch ein Quäntchen Energie aufbringen können, entfernen Sie Ihr Make-up gründlich und tragen Sie schnell noch Ihre gewohnte Pflege auf. So kann die Haut aufatmen – und die Frau, die Ihnen nach ein paar Stunden Schlaf aus dem Badezimmerspiegel entgegenschaut, wird Ihnen nur halb so fremd vorkommen.

Ihre Nägel wachsen einfach nicht zu langen, schlanken Krallen heran? Dann eben nicht! Die meisten eleganten Frauen tragen kurze Nägel. Gut gepflegt sieht der Naturlook am schönsten aus.

332

333

Die morgendliche Pflegeroutine kann auf die Dauer ganz schön langweilig werden, und Sonderprogramme wie Maniküre und Fingernägel lackieren, Füße auf Vordermann bringen, Masken und Haarkuren kosten Zeit. Sorgen Sie für Unterhaltung durch Musik oder den Fernseher, schmökern Sie während der Einwirkzeit in einem guten Buch. Und wechseln Sie ab und zu die Produkte. Pflege soll Spaß machen.

334

Parfum und Sonne vertragen sich nicht, im schlimmsten Fall entstehen Pickel, Reizungen und unschöne Verfärbungen auf der Haut. Lieber erst nach Sonnenuntergang zum Duft greifen. Oder auf spezielle, sonnentaugliche Produkte ausweichen.

335

Nach dem Baden im offenen Meer oder im Swimmingpool unbedingt die Haare gründlich mit sauberem Wasser durchspülen, damit Salz und Chlor keine Chance haben, Ihre Mähne anzugreifen.

Sonnenmilch und andere UV-Schutz-Produkte aus dem Sommerurlaub können Sie zu Hause als Bodylotion aufbrauchen – bis zum nächsten Jahr halten sie sich jedenfalls nicht.

336

337

Ein Vollbad ist entspannend und wohltuend. Allerdings sollte die Badetemperatur nicht über 38 °C liegen und das Bad selbst nicht länger als 15 bis 20 Minuten dauern, sonst belasten Sie Ihren Kreislauf unnötig und die Haut trocknet zu stark aus.

Terracotta-Puder ist eine Alternative zu Make-up und zaubert ein frisches, sonnengebräuntes Aussehen auf Ihren Teint. Mit einem dicken Pinsel locker über Gesicht und Hals verteilen. Aber nicht überdosieren.

338

339

Wenn Sie empfindliche Augen haben, die sich leicht röten und zu Bindehautentzündungen neigen, bzw. wenn Sie Kontaktlinsen tragen, sollten Sie für Ihr Augen-Make-up spezielle Produkte verwenden, die als hypoallergen und augenärztlich getestet deklariert sind.

340

Raue Ellenbogen werden wieder zart,
wenn Sie sie nach dem Duschen mit einer
frisch aufgeschnittenen Zitrone einreiben.
Um diese stark beanspruchte Hautpartie
auf Dauer weich und geschmeidig zu halten,
ist regelmäßiges Eincremen unerlässlich.

341

Zarte, helle Farben für Lippenstift, Lidschatten und Rouge sorgen für einen natürlichen Look und eignen sich bestens für das Tages-Make-up. Ein pastelliges Rosa lässt müde Augen morgens munter wirken.

342

Auch Ihr Dekolleté braucht intensive Pflege, denn hier ist die Haut besonders zart und zeigt rasch Fältchen und Linien. Am besten verwöhnen Sie diesen empfindlichen Bereich mit denselben Produkten, die Sie auch für das Gesicht verwenden.

343

Frischer Atem ist wichtig. Mindestens zweimal täglich Zähne putzen, Munddusche und/oder Zahnseide benutzen, Pfefferminzbonbons, wenn Sie länger unterwegs sind, und ab und zu ein Besuch beim Zahnarzt sollten selbstverständlich sein.

Ein fahler, blasser Teint ist oft ein Zeichen von schlechter Durchblutung. Machen Sie ein Peeling, das auf Ihren Hauttyp abgestimmt ist und reiben Sie das Gesicht anschließend mit einem großen Eiswürfel ab. Auch mehr Bewegung an frischer Luft lässt Sie rosig-erholt strahlen.

344

345

Mischhaut ist nicht immer ganz einfach bei Laune zu halten. Es gibt aber spezielle Produkte, die auf die Kombination aus fettiger T-Zone (Kinn, Nase, Stirn) und trockenen Wangen abgestimmt ist. Beachten Sie die unterschiedlichen Bedürfnisse der beiden Partien auch bei der Sonderpflege. Ein kräftiges Peeling sollten Sie auf die T-Zone beschränken, die Wangen freuen sich eher über eine gehaltvolle Maske.

346

Putzen Sie Ihre Zähne einmal in der Woche mit ganz normalem Haushaltssalz, das hilft gegen Verfärbungen und Gilb.

347

Gehen Sie beim Abschminken behutsam vor. Besonders die dünne, zarte Haut um die Augen reagiert mit Fältchenbildung, wenn Sie unsanft daran herumreiben und herumzerren.

348

Lippenstift sieht auf glatten Lippen am besten aus. Entfernen Sie kleine Hautfetzen regelmäßig, indem Sie die Lippen mit einer weichen Zahnbürste abrubbeln. Anschließend eine pflegende Pomade auftragen.

Enge Schuhe, wie sie nun einmal schick sind, fördern das Risiko schmerzhaft eingewachsener Fußnägel. Schneiden Sie die Nägel immer gerade und laufen Sie zu Hause barfuß oder auf Strümpfen.

349

350

Empfindliche Haut reinigen Sie am besten mit speziellen pH-neutralen Syndets und Waschlotionen. Lassen Sie sich eventuell sogar von einem Hautarzt oder einer Hautärztin beraten, damit Sie wirklich zum für Sie geeigneten Produkt greifen.

351

Viel trinken macht nicht nur die Nieren putzmunter, sondern hält auch die Haut prall und vital. Versuchen Sie, täglich mindestens zwei Liter Mineralwasser, Saftschorle oder ungesüßten Früchte- oder Kräutertee zu konsumieren, noch besser sind drei Liter. Das verlangt am Anfang etwas Disziplin, ist im Grunde aber auch nur eine Gewohnheitssache.

352

Sie wollen sich schöne lange Nägel züchten? Behandeln Sie auch die Unterseite mit einem kräftigenden Klarlack, das sorgt für zusätzliche Stabilität.

353

Wenn Sie etwas gegen Cellulite tun möchten, brauchen Sie vor allem eins: Ausdauer und Konsequenz. Wundermittel gibt es nicht, aber mit einer Kombination aus gesunder Ernährung, Sportarten wie Radfahren oder Walking, regelmäßigen Massagen, straffenden Pflegeprodukten und gezielter Gymnastik lassen sich beachtliche Erfolge verbuchen.

354

In der kalten Jahreszeit hat man häufig mit »fliegenden«, aufgeladenen, knisternden Haaren zu tun. Trockene Winterluft, stark beheizte Räume und dicke Kleidung begünstigen dieses Phänomen. Feuchten Sie Kamm oder Bürste vor dem Stylen mit Wasser an oder verteilen Sie mit der flachen Hand etwas Frisiercreme im Haar.

Bevor Sie sich zu einer radikalen Veränderung Ihrer Haarfarbe entschließen, bedenken Sie, dass Sie sich alle vier bis sechs Wochen um den Ansatz kümmern müssen. Herauswachsende Farbe sieht genauso unschön aus wie eine herauswachsende Dauerwelle.

356

Krampfadern und Besenreißer sind nicht nur ein optisch-kosmetisches Problem, sondern vor allem auch ein medizinisches. Suchen Sie einen Venenspezialisten auf und lassen Sie sich beraten.

357

Ab einem bestimmten Alter sieht eine rabenschwarz gefärbte Mähne einfach unrealistisch aus. Stehen Sie zu Ihren grauen Strähnen oder wählen Sie einen weicheren, natürlicheren Farbton.

358

Schuppiges Haar wirkt äußerst ungepflegt. Wenn Sie Ihre Schuppen mit frei verkäuflichen Shampoos und Pflegeprodukten nicht loswerden, lassen Sie sich in der Apotheke beraten oder gehen Sie zu Ihrem Hautarzt oder Ihrer Hautärztin.

359

Zöpfe sind keine Frisur für eine ernst zu nehmende Frau.
Solche Haarmoden sollten jungen Mädchen vorbehalten bleiben,
bei denen der Look wirklich pfiffig und süß aussieht.

Gönnen Sie Ihren Nägeln zwischendurch immer mal wieder ein bisschen Urlaub vom Nagellack, damit sie sich regenerieren können. Zaubern Sie stattdessen Glanz mit einem speziellen Polierkissen.

360

361

Gegen fettig glänzende Partien im Gesicht gibt es Spezialtücher, mit denen Sie die Haut tagsüber bei Bedarf abtupfen und so mattieren können. Verwenden Sie außerdem ein speziell auf ölige Haut abgestimmtes Make-up.

362

Mit viel Sport und Diät bekommen Sie Ihre Beine vielleicht schlanker, aber nicht länger – da helfen Schuhe mit hohen Absätzen immer noch am besten.

363

Sie möchten eine Lippenstift-
farbe, die Ihnen in jeder Situation
steht und zu allen Outfits passt?
Wählen Sie einen Rosenholzton.

Augenringe sollten Sie unbedingt mit einem geeigneten Abdeckstift kaschieren. Die dunklen Schatten beeinträchtigen sonst Ihr gesamtes Make-up und lassen Sie müde und abgespannt aussehen.

364

365

So groß die Bedeutung ist, die Schönheit und guter Kleidung heutzutage beigemessen wird – vergessen Sie niemals, dass dies letztendlich nur Äußerlichkeiten sind und es durchaus wichtigere Dinge im Leben gibt.

Abbildungen:

Amadeus Fashion, Austria (173), Belvest S.p.A., Italy (3, 11), Betty Barcley, Germany (38, 61), Cartier, France (113, 198, 236, 315), Etienne Aigner AG, Germany (48, 148, 159, 211), Fratelli Rossetti, Italy (96, 179, 359), Hilton Vestimenta, Italy (130, 225, 289, 304, 322), JOOP! GmbH, Germany (36, 77, 102, 104, 135, 137, 267), Laura Camino, Spain (Vorsatz, 110, 246), Les Copains, Italy (60, 68, 83, 166, 187, 325, 341, 349), Loro Piana, Italy (23, 58, 89, 223, 229, 256), Louis Vuitton, France (203, 278), Officine Panerai, Italy (184), Piaget, Switzerland (123), TUMI Germany (271, 299)